Histoire de France

Jean Mathiex

NOUVELLE ÉDITION REVUE ET MISE À JOUR

HACHETTE
Livre
Français langue étrangère
58, rue Jean-Bleuzen, 92170 VANVES

Préface

Qu'on ne s'attende pas à trouver ici une histoire complète et détaillée de la France. L'ambition de ce livret est autre : donner au lecteur une image d'ensemble exacte des grands événements et des périodes les plus importantes qui ont mis leur marque dans l'histoire nationale française. Mais il s'agit également de situer ces faits, de montrer en quoi ils ont influencé le cours des temps et comment ils ont contribué à former la civilisation française dans son originalité.

Toute histoire est mémoire, c'est-à-dire fragilité.

*Très souvent disparaît la conscience que notre présent est enveloppé par le passé, dans la vie quotidienne, les comportements, la vision que l'on a de l'immédiat et du futur proche. Aussi, un rapide bilan dressé au terme de chacune des principales périodes sous forme de doubles pages au titre de **Passé-Présent** évoque l'essentiel de ce qui constitue un héritage toujours vivant.*

Comme autant de repères, des éléments fondateurs – suite d'événements, faits de société, courants de pensée, mais aussi quelques portraits – jugés significatifs par leurs résonances durables sont mis en valeur. Leur sélection pourra paraître discutable, mais n'est-ce pas le propre d'un choix ?

*Une **chronologie**, tout à la fin, et des **cartes** donnent à l'ensemble un cadre dans le temps et l'espace.*

*Les mots difficiles du langage courant sont expliqués en note au bas de chaque page ; mais les termes liés à l'histoire et à la culture sont regroupés dans un **index** en fin de volume.*

Couverture : Alain Vambacas
Composition et maquette : Mosaïque
Iconographie : Any-Claude Médioni

ISBN : 2.01.1550769

© Hachette Livre 1996 – 43, quai de Grenelle, 75905 Paris Cedex 15.
Tous droits de traduction, de reproduction et d'adaptation réservés pour tous pays.

Table

Chapitre 1   **DES « HOMMES SANS NOM » AUX GALLO-ROMAINS** **7**
Un passé toujours vivant 10

Chapitre 2   **DE LA GAULE INDÉPENDANTE À LA GAULE ROMAINE** **12**
Vercingétorix et La Gaule romanisée 14

Chapitre 3   **COMMENT LA GAULE DEVINT LA FRANCE** **16**

Chapitre 4   **LA FRANCE FÉODALE** **24**
Les moines, vrais maîtres à penser de l'Europe médiévale ? 30
Art roman – Art gothique 32
Ce que le Moyen Âge nous a légué 34

Chapitre 5   **LA RENAISSANCE, LA RÉFORME,**
LES GUERRES DE RELIGION **36**
Les châteaux Renaissance 40
L'humanisme – La Réforme 42

Chapitre 6   **LA MONARCHIE ABSOLUE** **44**
Culture et art sous le Roi-Soleil 52
Versailles 54

Chapitre 7   **L'ÈRE DES LUMIÈRES** **56**

Chapitre 8   **1789-1815 : LA RÉVOLUTION FRANÇAISE**
ET SES SUITES **65**
La Déclaration des Droits de l'Homme et du Citoyen 74
L'héritage de la Révolution – L'héritage du Consulat et de l'Empire ... 76

Chapitre 9   **EXPANSION ÉCONOMIQUE ET COMBATS D'IDÉES**
1815-1870 .... **78**
Le combat romantique 86
Société et économie en mutation 88

Chapitre 10   **DANS LA MÊLÉE DES PUISSANCES – 1871-1945** **90**
Art et littérature à la charnière de deux siècles 104
Les techniques du siècle nouveau 106

Chapitre 11   **VERS LA FRANCE D'AUJOURD'HUI** **108**
Vie intellectuelle au xxe siècle, la grande remise en cause ? 118
Techniques d'avant-garde au xxe siècle 120

Chronologie 122
Index 126

UN FILM DE 2000 ANS...

La Gaule romaine

Colonia Agrippina
Durocortorum
Seine
Lutetia
Cenabum
Loire
Rhin
Lugdunum
Médiolanum
Burdigala
Garonne
Rhône
Tolosa
Massilia

300 Km

| | Germanie inférieure | | Belgique | | Aquitaine |
| | Germanie supérieure | | Lugdunaise | | Narbonnaise |

Partage à la mort de clovis (511)

ROY. DE SOISSONS
Rouen
Soissons
Metz
ROYAUME DE REIMS
BRETAGNE
ROY. DE PARIS
Paris
Reims
Strasbourg
ROY. D'ORLÉANS
Orléans
Dijon
ROYAUME DES BURGONDES
Bordeaux
Javols
AUVERGNE
Lyon
Toulouse
AQUITAINE
Arles
PROVENCE

500 Km

Royaumes de

| | Thierry | | Childebert 1er | | indéterminé |
| | Clodomir | | Clotaire 1er | ■ Capitales |

La France à la mort de Philippe-Auguste (1223)

CTE de FLANDRE
NORMANDIE
ROYAUME DE GERMANIE
CTE de CHAMPAGNE
Paris
Orléans
BRETAGNE
ANJOU
Bourges
DUCHE de BOURGOGNE
AUVERGNE
Lyon
ROYAUME de BOURGOGNE
Bordeaux
GUYENNE
CTE de TOULOUSE
Arles
Toulouse
RME de NAVARRE
CTE de BARCELONE
RME d'ARAGON

300 Km

- - - - Frontières actuelles de la France
■ Domaine royal à l'avènement de Philippe Auguste
▨ Agrandissement du domaine sous Philippe Auguste
⋰ Fiefs de la couronne
■ Possessions anglaises à la mort de Philippe Auguste

La France à la mort de Louis XI (1483)

Calais
FLANDRE
ARTOIS
PICARDIE
BRETAGNE
NORMANDIE
CHAMPAGNE
LORRAINE
Nancy
Paris
Rennes
MAINE ANJOU
Bourges
BERRY
DUCHE de BOURGOGNE
FRANCHE COMTÉ
POITOU
Limoges
LIMOUSIN
Lyon
Bordeaux
GUYENNE
DAUPHINÉ
LANGUEDOC
Arles
PROVENCE
NAVARRE
Toulouse
ROUSSILLON

300 Km

- - - - Frontières actuelles de la France
—— Frontières du royaume de France
■ Acquisitions définitives de Louis XI
▨ Annexions temporaires de Louis XI
⋰ Réunion au domaine royal par Charles VIII

... HUIT ARRÊTS SUR IMAGE

Traité de Verdun (843)

- - - - Frontières actuelles de la France
━━━━ Limites de l'Empire carolingien
☐ Royaume de Charles
▨ Royaume de Lothaire
◇ Royaume de Louis
■ Territoires appartenant à Byzance

Royaume de France à l'avènement des Capétiens (987)

- - - - Frontières actuelles de la France
■ Domaine royal à l'avènement de Huges Capet

La France à la mort de Louis XIV (1715)

- - - - Frontières actuelles de la France
■ Acquisitions de Louis XIV

300 Km

La France en 1789

- - - - Frontières actuelles de la France
■ Acquisitions postérieures à 1789

300 Km

L'EUROPE DES QUINZE

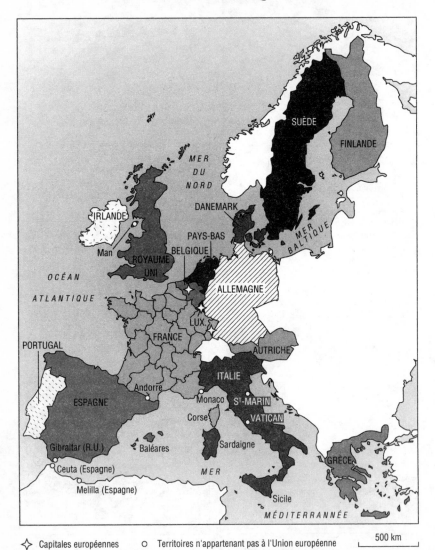

Légende:
- ✧ Capitales européennes
- ○ Territoires n'appartenant pas à l'Union européenne

500 km

La France au cœur de l'Europe unie. De six (1957) à quinze (1996) et bientôt combien ?

CHAPITRE I

DES «HOMMES SANS NOM» AUX GALLO-ROMAINS

1 DEPUIS QUAND Y A-T-IL DES HOMMES EN FRANCE ?

C'est un Français, **Boucher de Perthes**, qui a **inventé la Préhistoire humaine**, il y a un siècle et demi. Il est le premier à prouver que les galets taillés, ces pierres polies et rondes que l'on a trouvées sur les bords de la Somme (un fleuve au nord de la France), ne sont pas d'origine naturelle, mais ont été façonnés, taillés par les « hommes antédiluviens », c'est-à-dire « d'avant le Déluge* » biblique.

Depuis, on a retrouvé non seulement de très nombreux outils datant d'époques encore bien plus lointaines, mais aussi des ossements fossiles et de véritables œuvres d'art, sculptées ou peintes. Les outils de pierre, les plus anciens témoins de l'existence humaine, remontent, semble-t-il, à **2,5 millions d'années**. Seules l'Afrique (sûrement) et l'Asie (probablement) ont été peuplées plus tôt que l'Europe.

Outils en pierre taillée et en pierre polie.

2 QUELS HOMMES ?

Il y a plus d'un million d'années vivaient sur le sol de France des hommes que l'on ne connaît que par leur outillage et les quelques traces de leur vie qui ont résisté à l'usure du temps : les dents des animaux dont ils se nourrissaient, par exemple, ce qui permet d'affirmer que ces premiers hommes chassaient.

Collier en coquilles marines.

Ce collier fut trouvé dans l'abri de Cro-Magnon, en Dordogne.

Des morceaux de crânes découverts récemment dans une grotte des Pyrénées, à Tautavel, nous permettent d'imaginer la tête d'un de nos lointains ancêtres il y a quatre à cinq cent mille ans : bouche ressemblant à un museau d'animal, front bas et penché en arrière, yeux enfoncés, mâchoires et dents puissantes ; mais quel petit cerveau !

Voici quatre cent mille ans au moins, des hommes connaissent et utilisent **le feu** mais ne savent pas l'allumer. Ce sont peut-être eux qui ont construit, dans une grotte près de Nice, à Terra Amata, un abri que les archéologues ont pu reconstituer : il était fait de peaux de bouquetins – sortes de chèvres sauvages – tendues sur de longs bâtons appuyés contre la paroi rocheuse.

Il y a environ 80 000 ans, d'autres hommes ont pris la suite des premiers, peut-être à la suite d'une invasion. Appelés hommes de **Néanderthal** – du nom de la vallée où furent trouvés, en Allemagne, près de Düsseldorf, les premiers ossements de ce type humain –, ils ont vécu en nombre certainement plus élevé qu'auparavant. On a retrouvé plusieurs squelettes qui nous donnent une idée de leur allure : une taille plutôt petite (1 m 60), mais des muscles puissants, une tête aux fortes mâchoires, au nez plat et d'énormes os au-dessus des yeux. Mais cette fois le cerveau est aussi important et développé que celui de nos contemporains. Adroits à la chasse et à la pêche, les hommes de Néanderthal savent déjà très bien exploiter la nature et sont animés de sentiments religieux, ou proches de la religion : ils enterrent leurs morts en respectant des rites compliqués.

Il y a 40 ou 30 000 ans seulement, apparaissent les hommes de **Cro-Magnon,** du nom d'une grotte de Dordogne. Les ossements qu'on y a découverts sont à peu de chose près identiques à ceux des hommes actuels. Les Français d'aujourd'hui sont probablement leurs lointains descendants.

POUR MÉMOIRE

v-2 500 000
Premières traces de présence humaine probable en Europe.

v-1 000 000
Présence humaine certaine.

v-450 000
Plus anciennes traces de foyers (lieux où l'on fait du feu) retrouvées en Bretagne.

v-400 000
Homme de Tautavel.

v-50 000
Plus anciens ossements d'hommes de Néanderthal retrouvés en Europe.

v-35 000
Homme de Cro-Magnon.

v-25 000
Grottes décorées Cosquer et Vallon-Pont-D'Arc.

v-14 000
Grand art paléolithique
Lascaux, Niaux, Montespan.
Premiers chasseurs dans les Alpes.

v-6 000
Débuts probables de l'agriculture : Néolithique.

v-3 500
Alignements de Carnac.

3 LES DERNIERS HOMMES AVANT L'HISTOIRE

Lorsque l'Histoire commence, au Moyen-Orient, – avec l'apparition de l'écrit, environ 3 000 avant J.-C. –, ce qui est aujourd'hui la France vit toujours dans la Préhistoire, comme la plus grande partie de l'Europe.

C'est par des historiens grecs et latins que l'on connaît des noms de peuples habitant ce qui deviendra la France. Grecs et Latins parlent naturellement, surtout des peuples les plus proches de « leur » mer, la Méditerranée : des **Ligures**, par exemple, qui vivent entre le delta[1] du Rhône et le fond du golfe de Gênes, aujourd'hui la Côte d'Azur et la Riviera italienne. Est-ce à eux, ou à d'autres peuples parents que l'on doit les célèbres **monuments mégalithiques*** largement répandus, surtout en Bretagne ? Les plus anciens de ces monuments ont plus de 5 000 ans.

Alignements de menhirs à Carnac.

Plus de mille menhirs alignés sur 3 km en une dizaine de rangées orientées d'est en ouest sont peut-être le reste d'un temple solaire, vieux de 5 000 ans. Les plus hauts ne dépassent pas 4 mètres, mais, non loin de là, existent des géants dont l'un, à Locmariaquer, pèse plus de 350 tonnes. Renversé par la foudre, il s'est brisé en tombant : ses trois morceaux mesurent plus de 25 mètres.

1. delta : embouchure d'un fleuve à plusieurs bras, en forme de triangle.

UN PASSÉ TOUJOURS VIVANT

Les hauts lieux de la Préhistoire

La Préhistoire est représentée avec une telle richesse que les noms des grandes époques préhistoriques sont formés à partir de ceux des lieux où ces vestiges ont été découverts.

Les grottes* ornées sont parmi les plus belles du monde : **fresques*** de Niaux dans l'Ariège et de Lascaux en Dordogne, sculptures de Montespan dans l'Ariège ou de Roc des Sers en Charente…

Les sites préhistoriques de la grotte du Lazaret, près de Nice, et du campement de Pincevent, dans la banlieue de Paris, sont célèbres.

Et les découvertes ne cessent de se multiplier.

La grotte Cosquer (près de Marseille), par exemple, découverte le 9 juillet 1991. Son entrée, jadis à l'air libre, est aujourd'hui à 36 mètres sous la Méditerranée. Aucun homme n'y avait pénétré depuis plus de 20 000 ans. Les parois en sont couvertes de peintures aussi belles que celles de Lascaux : mains, cerf, bizons et même pingouins y sont représentés.

Quelques mois plus tard, la grotte de Valon-Pont-d'Arc est découverte en Ardèche. Totalement ignorée jusque-là, elle a révélé des centaines de peintures

Peintures rupestres de la grotte de Niaux *(16 000 ans)*

(hyènes, bizons et nombreux rhinocéros) dont l'âge est antérieur aux plus anciennes connues auparavant.

D'un passé moins ancien, mais vieux tout de même de cinquante siècles au moins, un village néolithique a été mis à jour au bord de la Seine, à Poses, tout près de Rouen.

À Paris, récemment, deux pirogues creusées dans des troncs d'arbre il y a 5 000 ans ont été retrouvées en creusant les fondations de la Très Grande Bibliothèque.

Nul doute que ces sites deviennent aussi célèbres que leurs devanciers.

C'est à Saint-Germain-en-Laye, près de Paris, que se trouve la plus importante collection préhistorique et celtique de France.

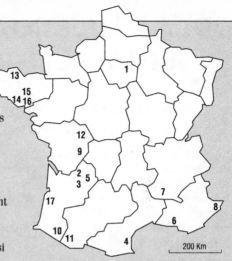

1. Pincevent. – 2. Les Combarelles. – 3. Les Eyzies. – 4. Niaux. – 5. Lascaux. – 6. Grotte sous-marine Cosquer. – 7. Grotte Chauvet, Vallon-Pont-d'Arc. – 8. Terra Amata. – 9. Roc de Sers. – 10. Montespan. – 11. Lespugue. – 12. Grand Pressigny. – 13. Côtes d'Armor. – 14. Carnac. – 15. Brennilis. – 16. Locmariaquer. – 17. Brassempouy.

La Vénus de Lespugue
Statuette stéatotype en ivoire de mammouth, trouvée en Haute-Garonne. (20 000 ans)

Grotte Chauvet
Mammouth. Vallon-Pont-d'Arc. (27 000 ans)

CHAPITRE 2

DE LA GAULE INDÉPENDANTE À LA GAULE ROMAINE

1 DES INVASIONS CELTIQUES À LA CONQUÊTE ROMAINE

Au début du 1er millénaire, vers – 800, commencent les invasions celtiques : ce sont des **tribus indo-européennes**, cousines éloignées des Grecs et des Italiens. Elles s'installent peu à peu en Europe centrale, puis occidentale. L'une des branches de ces peuples, les Gaulois, a donné à la France son premier nom : **la Gaule**.

Les Gaulois en Italie...
puis les Romains en Gaule

Pleins de vie, inventifs et batailleurs, les Gaulois ont non seulement peuplé ce qui est aujourd'hui la France, mais aussi envahi une partie de l'Italie et de l'Espagne.

Au milieu du Ier siècle av. J.-C., **Jules César** conquiert toute la Gaule, malgré la résistance des Gaulois, rassemblés – trop tard ! – par un de leurs chefs : **Vercingétorix** (58-52 avant J.-C.).

C'est pour avoir eu trop l'esprit d'indépendance que les Gaulois ont été vaincus par les Romains : en Gaule vivent alors une centaine de peuples, mais aucun n'accepte d'être sous les ordres de l'un d'entre eux. De là des disputes sans fin, que les Romains eux-mêmes ont eu du mal à effacer.

Dans leur conquête, les Romains sont largement soutenus par des Gaulois tout prêts à les aider. Ce manque d'unité a coûté cher à la Gaule : la perte de l'indépendance, peut-être un million de tués et autant de prisonniers emmenés en esclavage.

César a conquis le pouvoir, à Rome, grâce au prestige et aux richesses acquis en Gaule.

POUR MÉMOIRE

– 390 : Les Gaulois à Rome. Brennos.

– 200 : Les Romains maîtres de la Gaule cisalpine (plaine du Pô).

– 120 : Les Romains maîtres du Sud de la Gaule (Provence).

48 : Tables Claudiennes de Lyon. Claude propose au Sénat qu'accèdent aux magistratures romaines des notables des cités fédérées (alliées) : Eduens, Carnutes, Rèmes, Lingons, Helvètes.

160 : Antonin embellit Nîmes, berceau de sa famille.

170 : Débuts du christianisme en Gaule.

260-274 : Éphémère « empire romain des Gaules ».

360-363 : Julien l'Apostat, empereur d'Occident, s'établit à Lutèce.

370 : Premiers monastères en Gaule.

496 ou 498 : Baptême de Clovis par saint Rémi.

2 DU GAULOIS AU GALLO-ROMAIN

Très vite, les Gaulois se mettent à l'école de Rome : les plus riches apprennent à parler latin, à vivre dans des villes aux grandes maisons de pierre, bien alignées le long de rues droites, qu'ornent de beaux monuments ; les villes reçoivent l'eau par des aqueducs*…

Devenus des **Gallo-Romains**, les Gaulois continuent, malgré tout, à fabriquer les objets inventés par eux et qui font leur réputation depuis longtemps : chaussures de cuir montantes, pantalons (ou braies), blouses (ou saies), tonneaux de bois pour mettre le vin, objets en fer travaillé, et savon. On parle la langue gauloise dans les campagnes pendant plus de deux siècles après la conquête romaine.

Les dieux gaulois sont assez rapidement remplacés, au moins dans les villes, par les dieux gréco-latins, puis par le christianisme à partir de la fin du IIe siècle après J.-C.

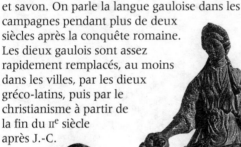

Petit lexique celto-gaulois

Aval : pomme (Avallon)

Briga : forteresse (Bry, Briis, Brive)

Dubro, dubra : rivière (Douvre, Douvrain)

Dunum : colline puis forteresse (Verdun, Chateaudun)

Eburnakun : lieu planté d'ifs (Ivry, Évreux, Yverdon)

Isarno : fer (Isère)

Issud : élevé (Issoudun, Puy d'Issolud)

Magos : plaine

Renos, rinos : cours d'eau (Rhin)

Ar dean : le massif boisé (Ardenne)

Autres mots venant du celto-gaulois

aller, alouette, bec, bouc, branche, brin, brochet, bruyère, caillou, chamois, char, charançon, charrue, chat, chemin, chêne, cheval, coq, cul, gigot, gober, jambe, jarret, jars, joue, mouton, pinson, tonneau…

Gaulois et Gauloise
*Ce paysan poussait l'araire (sorte de charrue).
Il porte de solides chaussures montantes (galoches)
et est confortablement vêtu d'une tunique à manches
(saie) que couvre un manteau. La Gauloise, elle,
a adopté la mode des draperies romaines.
(Musée de Saint-Germain.)*

VERCINGÉTORIX ET LA GAULE ROMANISÉE

Après une lutte ardente pour sauver leur indépendance sous la direction de Vercingétorix, les Gaulois adoptent rapidement nombre de traits de la civilisation romaine. Leurs traces demeurent très visibles aujourd'hui.

Vercingétorix
(Auvergne, v. 72 – Rome, v. 46 av. J.-C.)

Ce prince gaulois, dont le nom signifie probablement « le grand chef des héros » avait cherché à étendre son autorité sur son peuple et sur les peuples voisins.

Dans l'hiver 53-52 av. J.-C., il veut rassembler tous les peuples gaulois dans un soulèvement[1] général contre les Romains. Les troupes romaines sont alors dispersées et leur chef, **César**, est rentré à Rome pour participer à la vie politique.

En quelques heures, avertis par des signaux lumineux d'un bout à l'autre du pays, les Gaulois se révoltent contre l'occupant. Mais César réussit à regagner son armée et à la regrouper.

Vercingétorix cherche à vaincre les Romains par la politique de la **terre brûlée**. Pourtant César s'empare de la plus grande ville gauloise, Bourges, que ses 40 000 habitants avaient voulu sauver.

Au début de l'été – 52, il veut prendre **Gergovie**, capitale des Arvernes[2] ; il y subit un échec sanglant. Mais il a bientôt sa revanche : il fait battre la cavalerie gauloise par des cavaliers germains qu'il avait secrètement pris

Les travaux des champs
*Mosaïques de Saint-Romain-en-Gal
(Rhône), début IIIe s. ap. J.-C.*

à son service. Vercingétorix se réfugie dans la forteresse d'**Alésia** (peut-être Alise-Sainte-Reine) où il est aussitôt entouré par les Romains, sans que la très grande armée de secours gauloise, réunie sur son ordre, réussisse à le dégager.

En septembre – 52, dans l'espoir d'éviter de trop grandes souffrances à son peuple, Vercingétorix, premier « résistant » de l'histoire nationale française, se rend à César, qui le fait paraître à Rome à son triomphe*, puis étrangler après l'avoir laissé six ans dans une prison souterraine.

Le pont du Gard
*Aqueduc
alimentant
Nîmes en eau
(Ier s. ap. J.-C.)
La conduite
supérieure domine
la rivière de près
de 50 m.*

1. *soulèvement* : révolte.
2. *Arvernes* : peuple gaulois établi en Auvergne.

CHAPITRE 3

COMMENT LA GAULE DEVINT LA FRANCE

1 LA FIN DE LA PAIX ROMAINE

Pendant trois siècles, Rome assure la paix à son Empire. Les Gaulois, devenus Gallo-Romains, en bénéficient comme les autres peuples soumis. Marchandises et marchands circulent alors partout en toute sécurité, et les villes n'ont aucune raison de s'enfermer dans des murs ou des remparts.

À partir de 250 environ, après plusieurs alertes, cette période de paix prend fin. Les frontières* de l'Empire sont attaquées par des **peuples barbares** : les Gréco-Romains appellent ainsi tous ceux qui ne parlent ni ne comprennent le grec et le latin. Parmi ces « barbares », les plus dangereux pour la Gaule sont les **Germains**, qui campent sur la rive droite du Rhin, fleuve frontière de l'Empire. Les légionnaires romains qui défendent cette rive ne peuvent pas toujours arrêter les envahisseurs ; ceux-ci, une fois passées les défenses de la frontière, avancent loin à l'intérieur. Ils le font très facilement, car les routes sont excellentes et il n'y a ni armée ni fortification* lorsqu'on s'éloigne des frontières. L'**insécurité** grandit.

2 LA FUTURE FRANCE, UN PAYS TRÈS VISITÉ !

Sur les frontières Nord-Est de la Gaule devenue romaine, on trouve d'abord de nombreux **peuples germaniques** comme à l'époque où la Gaule était encore indépendante. Mais ce ne sont plus tout à fait les mêmes. Ceux des Germains qui ont

POUR MÉMOIRE

234 : Mayence assiégée par les Alamans.

263 : Invasions des Francs et Alamans en Gaule.

355-357 : Invasions des Alamans, écrasés à Strasbourg par le César Julien, le futur empereur Julien l'Apostat.

379-392 : Le Franc Arbogast fait et défait des empereurs éphémères.

406 : Vandales, Sarmates, Alains et Alamans franchissent le Rhin gelé le 31 décembre. Première grande invasion.

451 : Les Huns, arrêtés par Aetius en Champagne et par sainte Geneviève à Paris.

longtemps séjourné sur les frontières au contact des Gallo-Romains, ont pris à ces derniers quelques traits de civilisation. Et comme ces **Germains romanisés**, c'est-à-dire influencés par la civilisation romaine, sont d'excellents soldats, l'Empire a pris l'habitude d'en accepter certains comme « alliés » : devenus soldats « auxiliaires », ils aident à défendre les frontières.

Derrière les Germains romanisés viennent d'autres peuples **nomades** restés beaucoup plus barbares. Ces hommes blonds, aux cheveux longs, vêtus de pantalons et de tuniques à manches, bien plus pratiques que la toge flottante des Romains, se déplacent sans arrêt. Ils ne connaissent pas les lois écrites et obéissent à des coutumes transmises oralement. Leurs habitudes, leurs armes, en excellent métal, leur mépris de la mort dans les combats, contribuent à faire de ces Germains un danger terrible auquel les soldats de Rome résistent de plus en plus mal.

Le cœur d'Arles
La cité était très fière de son théâtre (en demi cercle) et de ses arènes (ovales). Les grandes invasions ont réduit les dimensions de la ville à celles des arènes. Dans l'espoir de se mieux protéger, les habitants ont couronné les gradins de trois tours encore debout, en utilisant une partie des pierres de l'amphithéâtre.

Au début du Vᵉ siècle : les premières grandes invasions...

Le 31 décembre 406, se produit un événement qui ressemble à une succession de chocs : les **Germains** les plus proches de la frontière, poussés par d'autres Germains, franchissent le Rhin gelé.
Cette masse de tribus germaniques est elle-même chassée vers l'ouest par un autre peuple à la réputation terrible : **les Huns**, cavaliers **mongols** venus du fond de l'Asie orientale.

Ainsi la Gaule a-t-elle été traversée plus ou moins complètement, et pillée, par les Vandales, les Wisigoths, les Burgondes, les Francs.

C'est une armée formée surtout de Germains et commandée par un général germain romanisé, Aetius, qui arrête l'invasion des Huns et leur roi **Attila**, en 451, à la bataille du « Campus Mauriacus », près de Troyes en Champagne.

Mais l'Empire romain est affaibli par tous ces coups : il disparaît en Occident en 476.

... suivies de beaucoup d'autres pendant quatre siècles

Après la fin de l'Empire romain, la Gaule est encore détruite par d'autres invasions. Les dernières se produisent pendant tout le IXᵉ siècle : ce sont celles des **Normands** et celles des **Hongrois**, cavaliers parents des Huns et qui, venant comme eux des frontières de l'Est, sèment la mort et la peur comme, au siècle précédent, les **Arabes** depuis l'Espagne...

Les invasions ont entraîné de terribles malheurs : les trois quarts de la population sont peut-être morts alors ; les villages ont brûlé ; les villes ont été détruites, si elles n'ont pas eu le temps ou pris le soin de s'enfermer derrière un rempart. Très peu d'œuvres d'art ou de bibliothèques ont échappé au pillage ou à l'incendie. Vers 500, deux siècles de

Les Normands, ou « hommes du Nord », viennent de Scandinavie. Ces marins pillards disposent de bateaux légers et rapides pour affronter la mer et remonter les fleuves, souvent très loin. À terre, ils utilisent les chevaux. Mobilité, surprise et ruse sont leurs plus grandes forces.

violence avaient presque totalement effacé
la civilisation gallo-romaine.

L'Église, gardienne de la civilisation

Une partie de l'héritage antique a pourtant été
sauvée, et c'est à l'Église que la Gaule le doit.
Religion alors nouvelle, le **christianisme** a
rapidement conquis de nombreux Gallo-Romains ;
vers 250 déjà, la Gaule est, dans l'Empire romain,
parmi les pays les plus christianisés. Elle compte
de nombreux martyrs* : leurs noms baptisent
aujourd'hui villages, villes ou églises, de Sainte-
Blandine à Saint-Denis.

L'Église, dans ce monde où la violence est devenue
loi, reste **la seule organisation** : ses membres
obéissent à des règles appliquées d'un bout
à l'autre de la chrétienté : les prêtres doivent
obéissance à leurs évêques ; les évêques aux
archevêques ; ces derniers au pape, trônant
à Rome.

3 QUI SONT LES FRANCS ?

Parmi les peuples barbares qui ont envahi la Gaule
par le nord, **les Francs** tiennent une place bien à
part. Non parce qu'ils étaient nombreux – quelques
milliers de guerriers – ou plus civilisés que les autres :
c'est plutôt le contraire ; mais parce qu'ils surent,
au bon moment, utiliser la religion. Ils étaient restés
païens[1], contrairement à leurs cousins germaniques
déjà convertis à une forme de christianisme jugée
hérétique* par l'église : l'arianisme*.
Le roi des Francs **Clovis** (482-511) après s'être
converti au catholicisme, réussit à unifier la Gaule
sous ses ordres. Il a fondé une dynastie* appelée
mérovingienne (Mérovée était l'ancêtre de Clovis)
qui a duré deux siècles et demi.

---

1. *païen :* non chrétien.

**Nous ne saurions
rien sans l'Église**

Tous les ecclésiastiques
– les hommes d'église –
doivent savoir, au
moins un peu, lire et
écrire. Ils gardent des
liens entre eux et
savent qu'en dehors
de leur village, il existe
bien des pays, dont
ils connaissent parfois
même le nom ou
l'emplacement géogra-
phique.
Sans les évêques, nous
ne saurions rien de ces
temps troublés : notre
principale source d'in-
formation est l'*Histoire
des Francs*, écrite en latin
par l'évêque Grégoire
de Tours vers 580.

PORTRAIT

CLOVIS
né vers 465, mort en 511

Parmi les chefs de bande des tribus franques, Clovis est le seul à porter le titre de roi en Gaule, où s'étend son royaume.

Pendant son règne (482-511), par la violence et par la ruse, il unifie la gaule sous ses ordres : en 486, il bat Syagrius, le dernier représentant de l'autorité romaine à Soissons. C'est à l'occasion de cette victoire que Grégoire de Tours rapporte une anecdote célèbre mais contestée, celle du **vase de Soissons**.

Après avoir vaincu les Alamans à **Tolbiac** (496 ou 506), les Wisigoths à **Vouillé** (507), il conquiert l'Aquitaine.

C'est parce qu'il a eu l'habileté, en 496 – il y a 15 siècles – de se convertir au catholicisme, sous l'influence de sa femme Clotilde, elle-même baptisée, que Clovis a obtenu l'appui constant de l'Église dans sa lutte contre les autres peuples barbares.

*Baptême de Clovis.
Enluminure du XIVᵉ s.*

*Un guerrier franc ayant refusé,
à Soissons, de rendre à Clovis un vase
que celui-ci souhaitait restituer
à l'évêque de Reims, Clovis, un peu
plus tard, lui fracasse la tête en lui disant :
« Souviens-toi du vase de Soissons ». Gravure du XIXᵉ s.*

4 DES MÉROVINGIENS AUX CAROLINGIENS

La seule forme de **richesse**, alors, était la **terre**, puisque l'insécurité avait fait disparaître presque tout commerce et cacher les objets précieux.

Les Francs avaient l'habitude de partager leur héritage en parts égales entre chacun de leurs fils ; et les rois faisaient comme tout le monde, si bien que le royaume de Clovis n'a pas tardé à s'émietter[1], et la violence à renaître.

Les derniers Mérovingiens étaient si affaiblis qu'on les a appelés **rois fainéants**[2]. Que pouvaient-ils faire ? À force de distribuer des terres à des nobles pour qu'ils leur restent fidèles, ils étaient devenus bien moins riches et puissants que ces nobles qui, alors, voulaient partager le pouvoir.
Le pouvoir était passé, en réalité, à leur principal ministre, le « maire du palais ». L'un d'eux, **Charles Martel**, connut un grand prestige pour avoir repoussé une invasion « sarrasine », c'est-à-dire arabe, à Poitiers en 732.

Peu après, le dernier Mérovingien, Chilpéric III, est enfermé dans un couvent*, et le fils de Charles Martel, Pépin le Bref, en 751, se fait nommer roi des Francs par le pape à Soissons. Il crée **une nouvelle dynastie**, appelée **carolingienne** ; celle-ci dure jusqu'en 897 et apporte à la Gaule pendant un siècle, un peu de paix et un court réveil de l'économie et de la vie intellectuelle ou culturelle.
Le plus célèbre des Carolingiens est Charlemagne (voir p. 23).

(voir p. 23).

POUR MÉMOIRE

Les grands Carolingiens de père en fils...

751-768
Pépin le Bref.

768-814
Charlemagne.

814-840
Louis Ier le Pieux.

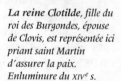

La reine Clotilde, fille du roi des Burgondes, épouse de Clovis, est représentée ici priant saint Martin d'assurer la paix. Enluminure du XIVᵉ s.

---

1. *s'émietter :* se diviser en très petits morceaux.
2. *fainéant :* qui ne fait rien.

5 DES CAROLINGIENS AUX CAPÉTIENS

À sa mort, en 814, Charlemagne n'a plus qu'un seul fils vivant, **Louis le Pieux**, qui est donc son successeur. Mais ce dernier a lui-même trois fils, si bien que l'Empire se divise à nouveau. En 843, **il éclate en trois royaumes** : l'un devient **le royaume de France** ; l'autre **le royaume d'Allemagne** ; le dernier, étroit et allongé de la mer du Nord à la Méditerranée, doit son nom de **Lotharingie** à Lothaire, le fils à qui il fut attribué. De lui vient le nom de Lorraine (en allemand *Lothringen*) province longtemps disputée par ses deux voisines, l'Allemagne et la France.

De l'époque carolingienne, il ne reste en France que quelques beaux manuscrits*, une écriture, des œuvres d'art, et l'église de Germigny-des-Prés.

Les **invasions des Sarrasins**, **Hongrois** et surtout des **Normands**, entraînent d'immenses destructions aux IXᵉ et Xᵉ siècles. Le Roi n'arrive pas à défendre son peuple. L'anarchie règne ; ducs et comtes n'obéissent plus à l'autorité royale. **En 888,** la France se donne pour roi le comte Eudes qui avait défendu Paris contre les Normands en 885.

La **Normandie** est rattachée au royaume franc en 911 (traité de Saint-Clair-sur-Epte).

Pendant un siècle (888-987), les descendants d'Eudes alternent avec ceux de Charles le Chauve, petit-fils de Charlemagne, sur le trône de France.

En 987, les grands seigneurs du royaume élisent pour roi Hugues Capet, petit neveu d'Eudes.

Les **Capétiens**, descendants de Hugues Capet, ont régné sans interruption pendant **plus de 800 ans** et le « millénaire capétien » a été célébré à Paris en 1987 par le président Mitterrand en présence du comte de Paris, dont Hugues Capet est l'ancêtre.

POUR MÉMOIRE

Une grande famille : les Capétiens

987-1328
Capétiens directs
(le premier : Hugues Capet).

1328-1498
Valois directs
(le premier : Philippe VI).

1498-1515
Valois-Orléans
(le premier : Louis XII).

1515-1589
Valois-Angoulême
(le premier : François Iᵉʳ).

1589-1830
Bourbons directs
(le premier : Henri IV).

Depuis 1830
Orléans
(le premier : Louis-Philippe Iᵉʳ).

CHARLEMAGNE
né en 742, mort en 814

L'homme de guerre

Petit-fils de Charles Martel, fils de Pépin le Bref, Charles est appelé « Magne » – du latin *Magnus* : le Grand – pour avoir réunifié la Gaule au prix de guerres longues et terribles : en **Germanie**, où il se bat contre les Saxons païens ; en **Italie** (il prend le titre de « roi des Lombards » en 774) et même en **Espagne** entre Pyrénées et Èbre.

C'est en revenant d'un combat contre les musulmans d'Espagne que l'arrière-garde commandée par le comte Roland est décimée. La *Chanson de Roland*, composée trois siècles plus tard, a transformé cette modeste défaite en magnifique épopée.

L'empereur*

À la Noël de l'an 800, Charlemagne rétablit l'Empire romain disparu en Occident depuis 476 et se fait couronner empereur par le pape Léon III. Il fait d'**Aix-la-Chapelle**, aujourd'hui en Allemagne, sa capitale.

L'administrateur

Il surveille, avec l'aide d'hommes entièrement à son service, l'administration de son Empire. Sur place, des comtes et des évêques ; de temps en temps, des inspecteurs, les **missi dominici***, viennent contrôler la manière dont les premiers ont exécuté les ordres impériaux. Des règlements précis, les **capitulaires**, définissent ce qui doit être fait. **L'Empire s'enrichit**, les grands domaines prospèrent, la monnaie est solide, les villes se développent le long des fleuves du Nord et de la Gaule.

Le protecteur des lettres

Charlemagne sait à peine lire, et il arrive tout juste à écrire maladroitement quelques lettres de son nom. Mais il a protégé les lettrés, comme **Alcuin** qu'il a fait venir des îles Britanniques, et **Eginhard**. Aujourd'hui encore, la Saint-Charlemagne (28 janvier) est la fête des tous les écoliers et étudiants de France. L'éducation, la copie des **manuscrits**, l'art sont encouragés. Une **renaissance littéraire et artistique** commence, qui se continue pendant tout le IXe siècle. L'Église donne volontiers son appui à l'empereur qui lui fait beaucoup de cadeaux et assure la protection du pape à Rome.

CHAPITRE 4

LA FRANCE FÉODALE

Comme la plus grande partie de l'Europe, après la disparition de l'Empire romain, la France voit s'établir peu à peu une nouvelle organisation de la société : la féodalité*, qui coïncide avec la longue période – mille ans – appelée Moyen Âge : v^e-xve siècles environ.

1 DOMINANTS ET DOMINÉS

Vers l'an 1000, le système est déjà bien en place : les guerriers ont pour tâche de combattre, à cheval le plus souvent ; c'est pourquoi on les appelle **chevaliers**.

Les hommes d'Église prient pour assurer le salut de tous les chrétiens : on leur donne le nom de **clercs**.

Ni les chevaliers, ni les clercs ne doivent vivre du travail de leurs mains : les premiers consacrent leur temps à s'entraîner pour la guerre et à la faire. Les clercs partagent le leur entre la prière et l'étude.

Alors, qui travaille pour les faire vivre ? Les **paysans** : infiniment plus nombreux, mais longtemps obligés de supporter la domination de « ceux qui combattent » et de « ceux qui savent ».

L'hommage

Au cours d'une cérémonie appelée **hommage**, le futur vassal, à genoux devant son seigneur, déclare se reconnaître pour son **homme**.
La main posée sur la Bible ou sur des reliques*, il prête serment de rester fidèle à son seigneur, aussi longtemps que l'un et l'autre vivront.

Adoubement.
*Un seigneur ou un chevalier de sa famille admet le nouveau chevalier dans la compagnie des guerriers et lui remet solennellement les armes : l'épée et le baudrier, sorte de ceinturon. Puis, comme pour éprouver sa force, il lui donne un coup sur la nuque, **la colée**. Enluminure du xive s.*

2 LES DROITS ET LES DEVOIRS

Tous les chevaliers ne sont pas également puissants. Les plus riches ont un château, refuge précieux et envié en ces temps d'insécurité. Les plus faibles cherchent un seigneur pour se placer sous sa protection : ce sont les vassaux.

Le droit médiéval a peu à peu précisé les obligations de chacun : le vassal doit à son seigneur l'aide de ses armes, de ses conseils, et de ce qu'il possède ; le seigneur doit aide et protection à son vassal. Le plus souvent, il lui fournit, par une cérémonie appelée **investiture**, les moyens de remplir ses devoirs, en lui permettant de faire cultiver une terre, appelée **fief** (en latin *feodum* d'où dérive l'adjectif féodal).

Tapisserie de la reine Mathilde, Bayeux (XIᵉ s.). Vraie bande dessinée longue de 70 mètres, elle représente les événements qui précèdent et accompagnent la conquête de l'Angleterre par les Normands, en 1066. Ici, le duc Guillaume donne l'ordre à ses chevaliers de faire construire des bateaux.

3 LA PYRAMIDE FÉODALE

Très vite, les seigneurs disposant déjà de vassaux trouvent avantageux d'obtenir la protection de seigneurs encore plus puissants. Ils deviennent ainsi à leur tour, des vassaux... tout en restant les seigneurs de leurs propres vassaux.

Aussi la société ressemble-t-elle peu à peu à une

pyramide. Seul à ne dépendre de personne, le roi trône au sommet. Est-il pour autant le maître ? Non, car le respect dont on l'entoure dépend à la fois de sa force et de sa générosité : comme la seule richesse est alors redevenue la terre, s'il est généreux et multiplie les fiefs, il aura beaucoup de vassaux. Mais que lui restera-t-il pour lui-même ? S'il garde les terres pour lui, il n'aura guère de vassaux et par conséquent guère de poids face à ses ennemis, plus riches ou mieux défendus. Équilibre bien difficile à trouver.

Le Moyen Âge est traversé de nombreuses **guerres féodales**. Aux yeux des seigneurs – car les paysans, s'ils pouvaient le donner, seraient d'un autre avis ! – elles sont le plus beau des sports, supérieur même à la chasse, pratiquée, elle aussi, avec passion.

4 VERS UN ORDRE NOUVEAU

Ces violences ne font pas l'affaire de tous ceux qui travaillent : **paysans**, **artisans** et **marchands**. Comment, sans un minimum d'ordre, récolter, produire, échanger des marchandises ? C'est donc dans le roi qu'ils mettent leur espoir.

Le roi : seigneur de tous les seigneurs et, par conséquent, supérieur à tous, il est aussi le seul à avoir reçu des pouvoirs spéciaux, d'origine divine, par le **sacre***.

Ne pas obéir à une décision royale apparaît comme une révolte contre l'ordre voulu par Dieu ; tenter de tuer le roi comme un « crime de lèse-majesté », méritant les plus terribles supplices[1].

Construction d'un château.

Jusqu'au XIe siècle, le château du Moyen Âge n'est encore qu'une grosse tour entourée d'une palissade tout en bois. Au XIIIe siècle, on utilise la pierre. Dominant le fossé, les murailles sont renforcées, de place en place, par des tours.

Enluminure du XVe s.

L'administration* mise en place par Charlemagne ne lui a pas survécu ; mais une autre s'installe à partir du XIe siècle. On donne le nom d'**officiers royaux** à ses membres. Souvent d'origine modeste, ils ont travaillé dur pour apprendre à écrire, lire, compter, à bien connaître les lois déjà en usage. Leurs fonctions les élèvent dans la société. C'est pourquoi ils sont très dévoués au roi. Ils sont compétents et actifs, et leur influence grandit peu à peu, alors que celle des administrations seigneuriales baisse.

> **Le sacre**
>
> Chaque roi, au début de son règne, se rend à Reims pour y être sacré. La cérémonie le place au-dessus de tous les hommes, ses sujets ; elle fait de lui un inter-médiaire entre Dieu et tous les Français. Aussi le roi est-il le juge suprême auquel chacun peut faire appel.

5 DEUX APPUIS POUR LE ROI : LES CLERCS* ET LES BOURGEOIS*

Le roi et l'Église

Le titre porté par les rois de France jusqu'à la disparition de la monarchie est *Sa Majesté Très Chrétienne*. Les rois s'appuient sur l'Église catholique, l'Église appuie les rois. Chacun y trouve son intérêt. Bien des ministres du roi sont des clercs ; l'Église reçoit des rois de nombreux cadeaux et de l'aide.

Progrès des villes, essor de la bourgeoisie

Il est rapide à partir du XIIe siècle. Les plus riches et les plus actifs de leurs habitants sont les bourgeois. Leur désir est de pouvoir administrer leur ville sans dépendre du seigneur sur le territoire duquel elle se trouve. Dès qu'elles se sentent assez de force,

Scène de chasse. Vitrail du Moyen Âge.

---

1. *supplice :* souffrance que l'on fait subir à quelqu'un, pour lui faire dire quelque chose, pour le punir, ou par ordre de la justice.

les villes demandent au seigneur voisin une charte de franchise*, pour permettre à la commune* formée ainsi de s'administrer elle-même. C'est là l'origine du nom des nombreuses *Villefranche* ou *Villeneuve* qui restent en France. Le roi s'est, dans l'ensemble, appuyé adroitement sur le mouvement communal, qui affaiblit le pouvoir seigneurial.

6 AU XVe SIÈCLE : UNE FRANCE TRANSFORMÉE

Un pouvoir royal de plus en plus fort et respecté

La France émiettée de l'an mille, où le roi peut à peine se faire obéir à 30 km de Paris, fait place deux siècles plus tard à une France beaucoup plus unifiée.

Par la suite, le **sentiment national** est sorti fortifié de deux très longues guerres entre la France et l'Angleterre (voir p. 29).

Pour donner au roi les moyens de lutter contre l'ennemi anglais, le pays a laissé le roi lever des **impôts** qui, ensuite, ont continué à être collectés. Aucune armée seigneuriale ne peut alors espérer tenir contre l'**armée royale**, bien pourvue à partir du XIVe siècle d'une **artillerie** qui vient à bout des châteaux-forts les plus puissants. À la fin du XVe siècle, bien que toujours très riches et très influents, les nobles ne présentent plus, pour le pouvoir royal, le même danger politique.

En deux siècles, la France a fait d'immenses progrès, en particulier grâce à l'action de **grands souverains capétiens**.

Quand meurt Philippe le Bel (1314), les cadres politiques et financiers du royaume apparaissent beaucoup plus solides qu'un siècle et demi plus tôt. Mais alors s'annoncent des temps plus difficiles. Le XIVe siècle est une période de difficultés économiques, de guerre sans fin et de peste.

POUR MÉMOIRE

Quatre Capétiens fondateurs

Philippe Auguste (roi de 1180 à 1223)
Il donne à la monarchie capétienne une base territoriale (un pays avec des frontières), une administration et un rayonnement qui lui manquaient. Sa victoire à Bouvines (1214) a été ressentie dans tout le royaume comme une fête nationale, la première de l'histoire de France.

Blanche de Castille (née en 1188, morte en 1250)
Fille d'Alphonse VIII de Castille, elle épouse le futur Louis VIII de France. À la mort de ce dernier (1226), elle assure la **régence** pour son fils Louis IX.

Louis IX (1226-1270)
Petit-fils de Philippe Auguste, il est surtout connu sous le nom de **saint Louis**. D'une grande piété, il participe lui-même à deux croisades* contre les musulmans en Afrique du Nord et il meurt au cours de la seconde. Moins habile politique que Philippe Auguste, il a pourtant élevé le prestige de la monarchie capétienne en Europe.

Entre France et Angleterre, une ou deux « guerres de Cent Ans » ?

De 1357 à 1453 les royaumes de France et d'Angleterre s'affrontent lors de ce que l'on appelle la **guerre de Cent Ans** marquée par de terribles défaites françaises : Crécy (1346), Poitiers (1356) où le roi français Jean II le Bon tombe prisonnier aux mains des Anglais et Azincourt (1415). Ces désastres, payés d'abandons territoriaux, donnent aux Anglais de grands avantages temporaires. Mais la victoire finale de la France a été acquise, avec peine, en particulier grâce à **Jeanne d'Arc**, à partir de 1429. Après la bataille de Castillon (1453) gagnée par les Français, les Anglais sont chassés du territoire français où ils ne gardent plus que Calais (jusqu'en 1558).

Malgré ses très longues trêves, cette guerre a été désastreuse pour le royaume : destructions et pillages qui accompagnent le passage des armées ont été aggravés par l'effroyable épidémie de **peste noire** à partir de 1356.

Mais deux siècles avant ce conflit, un autre avait opposé les deux royaumes, quand Henri II, le fils d'un grand seigneur angevin, Geoffroi V Plantagenet, est devenu roi d'Angleterre (1154). Maître de la Normandie, de l'Anjou, de l'Aquitaine, il dispose de moyens bien supérieurs à ceux du roi de France. Une lutte implacable a opposé Henri II et ses descendants à Philippe Auguste et ses successeurs jusqu'en 1297. Les mariages entre princes de ces familles souveraines créent des droits d'héritage créateurs de conflits futurs entre descendants. En particulier, les filles peuvent-elles transmettre leur héritage à l'égal des hommes ? La « deuxième guerre de Cent Ans » trouve son origine juridique dans ces questions.

> **Philippe IV le Bel (1285-1314)**
> Avec lui se précise le rôle des **juristes** inspirés par le droit romain. Il combat la grande féodalité, détruit l'ordre des Templiers* et s'oppose victorieusement à l'ambition du pape de soumettre les rois à leur autorité.

Sceau de saint Louis (1240).

Le roi siège « en majesté » en portant les signes de la dignité royale en France (couronne, sceptre et fleur de lys) qui font de lui le justicier suprême.

LES MOINES, VRAIS MAÎTRES À PENSER DE L'EUROPE MÉDIÉVALE ?

Les premières communautés de moines* datent du début du Moyen Âge et elles sont apparues en Méditerranée orientale. La Gaule, puis la France ont été parmi les premiers pays de l'Europe occidentale à voir se créer des monastères : il en existe depuis l'époque mérovingienne.

Mais c'est à partir du Xe siècle que la France joue un rôle essentiel dans l'essor des ordres monastiques*. Elle a vu naître trois des plus importants.

Cluny

En 909, à Cluny, en Bourgogne, est fondée une abbaye dont le rayonnement allait s'étendre sur tout l'Occident. Ses fondateurs l'avaient placée sous l'autorité directe du pape, pour que les moines ne dépendent pas des pouvoirs locaux, religieux ou seigneuriaux. Vers 1100, aucun ordre* religieux n'exerce en Europe une influence aussi grande.

L'influence de Cluny tient à ses très nombreuses filiales, ses « abbayes-filles » :

plus de 2 000 au début du XIᵉ siècle ; les plus nombreuses sont en France, mais il y en a aussi en Espagne, en Italie, en Europe centrale. Chef direct de presque toutes les abbayes-filles, l'abbé de Cluny est, après le pape, le personnage religieux le plus important de la chrétienté. Enrichi par de nombreux dons, l'ordre peut donner un éclat exceptionnel aux cérémonies, et son rôle a été capital dans la diffusion de l'art roman en Europe.

Cîteaux

Le deuxième ordre, fondé à la fin du XIᵉ siècle, est celui de Cîteaux, également en Bourgogne. Son véritable organisateur est saint Bernard, qui

L'abbatiale de Cluny, joyau roman, construite par l'abbé saint Hugues le Grand (1049-1109), est restée la plus vaste église de la chrétienté jusqu'à la construction de Saint-Pierre-de-Rome : sa longueur était de 187 m.

Ci-dessus :
Le monastère de la Grande-Chartreuse, isolé au cœur de la nature alpestre.

condamne la vie des moines de Cluny, qu'il juge trop luxueuse. Dans le monastère cistercien, tout est simplicité extrême : la vie des moines, comme le monastère et son église, cadres de la vie religieuse, établis au milieu des forêts, à l'écart des autres hommes. Dès le milieu du XIᵉ siècle, l'ordre compte 350 abbayes dispersées dans tout l'Occident. Mais si les moines y restent pauvres, l'ordre lui-même devient peu à peu si riche qu'il est une véritable puissance économique : au XIIIᵉ siècle, grâce à leurs troupeaux de moutons, les cisterciens sont les plus importants producteurs de laine d'Europe.

L'ordre des Chartreux

Enfin, à la fin du XIᵉ siècle, dans les Alpes, saint Bruno fonde le couvent de la Grande-Chartreuse, point de départ de l'ordre des Chartreux, organisé en 1176. Chaque moine dispose d'une cellule (chambre) et y vit dans la prière et le silence. Cet ordre est, avec celui des Bénédictins, le seul à avoir duré jusqu'à nos jours.

ART ROMAN*

À partir du xᵉ siècle, la future France se couvre d'un « blanc manteau d'églises » nouvelles et de monastères. À quelques exceptions près – Autun, Le Puy – c'est surtout à l'écart des villes, à la campagne, que sont bâtis les édifices religieux.

L'église romane, à la voûte en berceau soutenue par des murs massifs aux ouvertures rares, est peu lumineuse et peu élevée.

La sculpture, souvent exubérante, présente à l'intérieur comme sur les portails, en fait un véritable évangile de pierre pour fortifier la foi des fidèles.

Ci-dessus :
Chapiteau de la cathédrale Saint-Nazaire d'Autun (xııᵉ s.)
Lapidation de saint Etienne.

Basilique Sainte-Madeleine de Vézelay
Tympan : la figure centrale est un « Christ en majesté » qui dicte leur mission aux apôtres, après la Résurrection. De ses mains partent des rayons lumineux représentant le Saint-Esprit. Les huit scènes qui entourent le Christ et celles du linteau (en bas) figurent les peuples que les apôtres doivent évangéliser.
Tout autour, dans la voussure, vingt-neuf médaillons représentent les travaux des mois et les signes du zodiaque.

ART GOTHIQUE*

L'appellation de « gothique » donnée au second style médiéval date du XVIe siècle. C'est un Italien qui l'a lancée en signe de mépris : il voulait indiquer par là que cet art était à ses yeux aussi barbare que celui des Goths.

Les plus célèbres monuments gothiques sont les cathédrales, toutes construites en milieu urbain.

La cathédrale gothique frappe d'abord par son élévation rendue encore plus impressionnante par la présence de tours-clochers et de flèches couronnant les tours ou le transept. Façades majestueuses, hauteur du monument, voûte sur croisées d'ogives, importance des verrières ouvertes dans les murs sont ses principales caractéristiques.

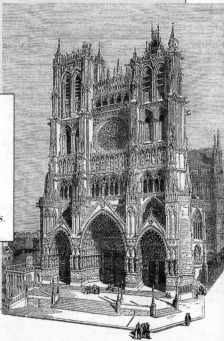

Statues gothiques.
Portail central de la cathédrale de Reims. Sérénité, sens du drapé, justesse des attitudes.

Cathédrale Notre-Dame d'Amiens (Somme)

Construite à l'emplacement d'un édifice roman, de 1220 à 1264, avec adjonctions aux XIVe et XVe s., elle a une grande unité de style. Tours, grands portails, rosace, innombrables statues, comme dans tous les monuments de la même inspiration. Longue de 145 m et haute de 43,20 m, sa voûte dépasse les dimensions de celles de Reims ou de Paris, également célèbres.

CE QUE LE MOYEN-ÂGE NOUS A LÉGUÉ

L'Université

Le Moyen Âge a vu naître une catégorie sociale importante : celle des universitaires, professeurs et étudiants. Le **Quartier Latin**, à Paris, est toujours là où il est né il y a huit siècles. Il a servi de modèle à toutes les villes dont les universités sont anciennes : Montpellier, Toulouse… Dans l'enseignement supérieur, **le latin** efface la barrière des langues : un Allemand comme maître Albert le Grand ou un Italien comme saint Thomas d'Aquin ont enseigné avec grand succès à Paris. Les lettrés sont, à l'époque, européens et cosmopolites. Baccalauréat, licence, doctorat sont des titres universitaires actuels datant du Moyen Âge.

Les usages

Beaucoup sont hérités de la **courtoisie** médiévale : l'hommage présenté aux dames, l'investiture demandée par un homme politique, les titres nobiliaires, la hiérarchie des décorations calquée sur celle des grands ordres de chevalerie.

Les campagnes

Les paysages découverts ou **champagnes**, sans clôtures, s'opposant aux bocages, datent du Moyen Âge, comme le site de la plupart des villages et beaucoup de leurs églises.

Les villes

Villes entourées de remparts et châteaux toujours debout (Carcassonne, Vitré, Pierrefonds, Loches, Saumur, Angers), vieux quartiers pittoresques (Sarlat, Le Mans, Avignon, Dinan, Pézenas) attirent aujourd'hui les touristes et font le bonheur des peintres.

L'art <small>(voir p. 32-33)</small>

La littérature

Du IXe au XIVe siècle, elle s'exprime en **langue romane** – mélange de latin, de celte et de germain – divisée en deux dialectes : celui d'**oc** dans le midi, celui d'**oïl** au nord de la Loire. Oc et oïl ont le sens de notre « oui ».

Des poèmes épiques à l'Histoire

Les châtelains se passionnent pour les poèmes guerriers appelés **Chansons de geste** que leur récitent trouvères* et troubadours*. Le plus célèbre, vite connu dans toute l'Europe, est la *Chanson de Roland* (fin du XIe s.). Plus tard, la **littérature courtoise** (de cour) devient à la mode. Au *Roman de la Rose* succède, avec **Villon** (1431-vers 1485) et **Charles d'Orléans** (1394-1465), une poésie plus personnelle et le succès des grands romans bretons et arthuriens* (les romans de « la Table ronde »). Le *Roman de Renart* (1174-1205), satire des cours et des mœurs des nobles, est la première œuvre bourgeoise importante de la littérature française.

Tout le monde au Moyen Âge aime **le théâtre**, qu'il soit religieux, comme les drames liturgiques inspirés de la Bible, les « Miracles », les « Mystères » ou comiques, comme les farces.
L'Histoire écrite en prose et en français apparaît au Moyen Âge.
Les chroniqueurs les plus célèbres sont **Villehardouin** (1150-1212), témoin et acteur de la 4e croisade, **Joinville** (1224-1317), compagnon et ami de saint Louis, **Froissart** (1337-1400) et **Commynes** (1447-1511).

À gauche :
Le Roman de la Rose
L'amour et l'amant.

À droite :
Joueurs de vielle

CHAPITRE 5

LA RENAISSANCE, LA RÉFORME, LES GUERRES DE RELIGION

1 L'ITALIE, BERCEAU DE LA RENAISSANCE

Le Moyen Âge a été très riche en artistes, en écrivains, en poètes, et même en intellectuels et en savants. Mais, dans l'ensemble, ils se préoccupaient surtout de problèmes liés à la religion.

En Italie, la civilisation romaine a laissé des traces partout, et le souvenir de la tradition romaine y est resté très présent. Les contacts avec la Grèce toute proche y sont également faciles.

À partir du XIVᵉ siècle, les difficultés que rencontre l'Empire byzantin mourant font fuir vers l'Italie beaucoup de savants et d'artistes à la recherche d'un peu de calme. Ils apportent avec eux des manuscrits et des œuvres d'art. Les uns et les autres contribuent à faire renaître un **vif intérêt pour l'Antiquité**, d'où le nom de Renaissance. Les différents arts plastiques – sculpture, peinture, architecture – mais aussi la littérature et la musique sont marqués par cet esprit nouveau.

D'italienne à l'origine, la Renaissance ne tarde pas à devenir aussi française et européenne.

2 UNE SOIF INÉPUISABLE DE CONNAISSANCES

Apprendre, apprendre toujours plus et dans tous les domaines du savoir d'alors est l'ambition de ceux qu'on appelle les **humanistes***. Les Italiens ont montré la voie dès le XIIIᵉ siècle. Aux XVᵉ et XVIᵉ siècles, à la suite des **guerres d'Italie** menées dans ce pays par les rois Valois Charles VIII (1470-1498),

Essor de l'imprimerie

Après la découverte de l'imprimerie à la fin du XVᵉ s., l'édition de livres devient peu à peu une véritable industrie : « de 1500 à 1599, 25 000 livres sont imprimés à Paris, 15 000 à Lyon » [...] La création des ateliers se fait d'abord de façon un peu anarchique, sous la tutelle de l'Université ou le contrôle des autorités ecclésiastiques. Mais le pouvoir royal intervient très rapidement. Dès 1521, François Iᵉʳ établit un système d'autorisation préalable pour l'impression d'ouvrages de théologie, bientôt étendu à toute la production livresque. Après 1563, le roi est le seul dispensateur des privilèges nécessaires à toute impression.

Lexique historique de la France de l'Ancien Régime,
A. Colin, 1978.

Louis XII (1462-1515) et François Ier (1515-1547), la France devient à son tour terre d'humanisme.

Rabelais (1494-1553) a décrit avec une ironie bienveillante poussée jusqu'à la caricature, l'enthousiasme qui anime ceux qui partent à la découverte de la connaissance (voir p. 43).

3 REMISE EN CAUSE DU SAVOIR

Le savoir, il ne suffit pas de le récolter. Il faut l'**examiner**, le **trier** et **reclasser**.

Les idées admises comme vraies par le Moyen Âge le sont-elles vraiment ? Peut-on tout croire, de confiance ?

Le choc des grandes découvertes

C'est à ce moment que l'on découvre des continents dont on n'avait pas eu l'idée jusque-là : Christophe Colomb l'Amérique en 1492, Vasco de Gama la route des Indes en 1498. C'est quand les navires du portugais Magellan reviennent du premier tour du monde jamais effectué (1519-1522) qu'on a la preuve que la Terre est une sphère.

Le déclenchement de la crise religieuse

Les textes de la Bible, que personne n'avait mis en doute, deviennent l'objet d'une étude approfondie. La partie la plus ancienne a été écrite en hébreu, mais, depuis l'Antiquité, la foi chrétienne est diffusée en Europe occidentale à partir d'un texte latin, lui-même établi à partir d'une traduction en grec. Maintenant que nombre d'Humanistes connaissent l'hébreu, ils peuvent comparer le texte premier et ses traductions et découvrir dans celles-ci des erreurs et des idées contraires.

Sans le vouloir sans doute, l'humanisme a ouvert la crise religieuse qui était en sommeil depuis deux siècles.

POUR MÉMOIRE

Les rois Valois directs

1328-1350 : Philippe VI.

1350-1364 : Jean II le Bon.

1364-1380 : Charles V le Sage.

1380-1422 : Charles VI le Fou.

1422-1461 : Charles VII.

1461-1483 : Louis XI.

1483-1498 : Charles VIII.

Imprimerie au XVIe s.
À l'arrière-plan, des compositeurs au travail devant les casses de caractères. À côté de la presse (à droite), un ouvrier encre les formes. Un autre lit le texte sorti de presse. Au premier plan, pages déjà imprimées.

Dans le même temps, quelques progrès étaient accomplis dans la médecine. Ambroise Paré (1509?-1590) est l'un des médecins les plus célèbres de son temps et encore considéré comme l'un des pères de la chirurgie moderne.

4 LES ROIS DE FRANCE CONQUIS PAR LA RENAISSANCE

La civilisation italienne, très brillante et plus au contact de l'Orient que celle de la France, attire. Les rois de France la connaissent par les guerres qu'ils ont faites en Italie depuis la fin du XIe siècle. **François Ier** (1515-1547) a commencé son règne par une éclatante victoire remportée à Marignan (1515), près de Milan où il est venu réclamer une terre qu'il présente comme étant un héritage familial. Il fait venir en France nombre d'artistes et de savants italiens. Parmi les plus célèbres, **Léonard de Vinci** qui meurt près d'Amboise sur les bords de la Loire, où il a été invité pour aider à la décoration des châteaux magnifiques que les rois y construisent.

La **Renaissance artistique** a donc accompagné le développement de la **Renaissance intellectuelle et littéraire** du XVIe siècle.

La véritable Renaissance scientifique est plus tardive : elle se place au XVIIe siècle.

POUR MÉMOIRE

Les Valois-Angoulême rois de la Renaissance

▲
1515-1547 : François Ier.
1547-1559 : Henri II.
1559-1560 : François II.
1560-1574 : Charles IX.
1574-1589 : Henri III.

5 LA FRANCE DÉCHIRÉE PAR LES GUERRES DE RELIGION

Mise en cause de l'autorité du pape

Au XVe siècle, les papes perdent de plus en plus de leur influence : leur vie luxueuse, leur manière de se conduire plus souvent en chefs de guerre qu'en chefs spirituels ont pour résultat la remise en question de leur autorité.

La **Réforme*** protestante éclate avec l'Allemand Martin **Luther** en 1519 ; ce moine déclare en

Le massacre de la Saint-Barthélémy (24 août 1572). *La présence de protestants de premier plan, comme Coligny, dans l'entourage des rois inquiète les catholiques hostiles à toute tolérance. Ils pensent mettre fin à leur influence par un massacre général : plus de trois mille victimes.*

public que le chrétien ne peut pas sauver son âme en achetant des indulgences que des envoyés du pape viennent proposer aux fidèles de l'Église. Luther affirme qu'il appartient à chacun de faire son Salut. Immédiatement, l'Allemagne se déchire en deux : les partisans de Luther, ou réformés et les traditionalistes, fidèles au catholicisme romain.

Développement des idées réformées en France, les guerres de Religion

La France est rapidement touchée à son tour. Un quart de siècle après Luther, l'humaniste français **Jean Calvin** (1496-1564), après une subite conversion* en 1534, s'éloigne de l'Église catholique.

En 1562 commencent trente ans de guerres terribles : les guerres de Religion. La France se déchire. Aux catholiques s'opposent les réformés, avec la même passion que manifestent aujourd'hui les partis politiques et une violence infiniment pire. L'étranger ne tarde pas à s'en mêler : les Espagnols aident le parti catholique, les Anglais les réformés. Le dernier tiers du XVIe siècle est ensanglanté par les horreurs d'une guerre civile compliquée de guerres étrangères.

Force de la nature, passionné de chasse, de savoir, d'amour et d'art, François Ier (à gauche) a pris pour symbole la salamandre qui passe pour se jouer des flammes et même s'en nourrir.

PASSÉ PRÉSENT

LES CHÂTEAUX RENAISSANCE

Chambord

Construit par François Ier de 1519 à 1540, il n'a plus rien d'une forteresse : ses tours sont percées de larges fenêtres, comme les autres murs, et la symétrie à l'italienne règne en maîtresse. Un parc immense ouvert sur une forêt où le gibier abonde, invite à la chasse, grande passion royale.

Écouen *(Val d'Oise)*
Ce château, construit au XVIᵉ s. par l'architecte Jean Brullard à une vingtaine de kilomètres de Paris et décoré par Jean Goujon, abrite aujourd'hui le musée de la Renaissance.

Ci-dessous :

Langeais, *(1469) un des plus anciens châteaux de la Loire. Le gros donjon, à droite, garde une allure militaire.*

L'HUMANISME, LA RÉFORME

L'humanisme est un idéal d'homme complet : imbattable en langues anciennes, en mathématiques, en astronomie mais aussi en sport, l'humaniste doit n'avoir qu'un objectif : garder l'esprit en éveil, apprendre toujours, mais aussi vérifier le bien-fondé rationnel de ses connaissances. Ainsi, l'humanisme dans son ensemble donne-t-il une nouvelle impulsion à toutes les disciplines.

La poésie, en particulier, est renouvelée par le groupe dit de la **Pléiade** (Ronsard, du Bellay) imprégné d'Antiquité et d'érudition. La poésie de cour, plus légère, excelle à se plier à des règles strictes comme celles du sonnet.

En matière de sciences, la Renaissance ne s'épanouit vraiment qu'au siècle suivant, ce qu'annoncent déjà des innovations comme celles d'Ambroise Paré.

En architecture et arts plastiques (sculpture, peinture), l'Italie, où l'héritage antique demeure partout présent, devient la référence presque exclusive.

Ci-dessus :
Ronsard (1524-1585)

À droite :
François Rabelais (1494-1553)
Moine, médecin, écrivain, Rabelais connaît à merveille le latin, le grec et l'hébreu. Auteur, entre autres, de Pantagruel (1532) et Gargantua (1534), il s'attaque à la scolastique, aux idées rétrogrades, à l'absurdité de la guerre.

Ambroise Paré (1509-1590)

Chirurgien militaire aux armées du roi, il se fait connaître par son traité Méthode de traiter les plaies faites par arquebuse et autres bâtons à feu *rédigé en français.*

La Réforme, au xvie siècle, est le deuxième grand schisme qui coupe la chrétienté européenne. Luther, depuis l'Allemagne, Calvin, depuis la France, voient leur doctrine rayonner largement en Europe.

Jean Calvin (1496-1564)

De son vrai nom Cauvin (Calvinus en latin), il publie en 1536 l'Institution de la religion chrétienne. *Son interprétation du christianisme a aussitôt un très grand succès. De Genève, où il s'installe à partir de 1541, il rayonne par la rigueur de sa pensée, la force de ses écrits et son esprit d'organisation sur de nombreux Européens que sa doctrine séduit. Il est le fondateur de la Réforme et de l'Église calvinistes.*

CHAPITRE 6

LA MONARCHIE ABSOLUE

1 LES ORIGINES

Régences* et troubles politiques

Plus de la moitié du demi-siècle qui a suivi l'assassinat de Henri IV (1610) est marquée par des troubles politiques graves en France : ils coïncident avec la venue sur le trône de rois trop jeunes pour avoir immédiatement une grande autorité.

Ce fut le cas de 1610 à 1624, pendant la régence de **Marie de Médicis**, jusqu'à ce que **Louis XIII** prenne pour Premier ministre **le cardinal de Richelieu**. D'une volonté très forte et d'une remarquable habileté, sans être toujours très honnête, Richelieu a été l'un des plus efficaces créateurs de la monarchie absolue.

Après sa mort et celle de Louis XIII (1643), une nouvelle régence, celle d'**Anne d'Autriche**, a vu le pouvoir royal s'affaiblir, en particulier pendant **la Fronde** (1648-1653) où une véritable guerre civile* oppose le roi à la haute noblesse et aux magistrats supérieurs des Parlements.

Le roi Henri IV.

La popularité d'Henri IV tient à son courage, sa bonne humeur, son sens du contact avec tous ses sujets, y compris les plus humbles. « Je souhaite que chaque Français mette la poule au pot tous les dimanches » disait-il. Après son assassinat dû au fanatisme de milieux restreints, invoquer le « bon roi Henri IV » est resté un argument très efficace.

Le cardinal **Mazarin**, Italien passé au service de la reine-mère qui en avait fait son Premier ministre, conduit la monarchie à la victoire, par un travail mené souvent discrètement.

Le retour à l'ordre ou la naissance de l'absolutisme

Fatigués de ces troubles et des ruines qu'ils entraînent, les Français ont alors un grand désir de retour à l'ordre. Pour eux, c'est au roi de le maintenir : même s'ils n'en connaissent pas les termes, ils sont prêts à reconnaître les principes définis par un juriste, grand serviteur de la monarchie, Lebret, en 1632 :

« Les rois sont institués par Dieu, la royauté est une puissance suprême déférée à un seul, la souveraineté n'est pas plus divisible que le point du géomètre... » ;

et par Corneille, dans *Le Cid* (1636) :

« ... Pour grands que soient les rois, ils sont
[ce que nous sommes,
Ils peuvent se tromper comme les autres hommes,
Mais l'on doit ce respect au pouvoir absolu
De n'examiner rien quand un roi l'a voulu. »

Le renforcement du pouvoir royal, très visible déjà au XVe siècle, à la fin de la guerre de Cent Ans, s'est précisé au XVIe siècle. Avec les troubles des guerres de Religion et de la première moitié du XVIIe siècle, vient l'heure de la **monarchie absolue***. À la mort de Mazarin (1661), Louis XIV fait savoir que, désormais, il gouvernera sans Premier ministre. La monarchie absolue devient une réalité.

Louis XIV enfant.

2 LES MOYENS DE L'ABSOLUTISME

Ils sont, à nos yeux, étonnamment modestes. Le gouvernement, l'administration ne disposent ni de moyens de communication rapides, ni de troupes spécialisées dans le maintien de l'ordre.

Versailles, capitale royale

Le gouvernement ne compte que six ministres, choisis et renvoyés par le roi comme il lui plaît. Plusieurs fois par semaine, le roi les réunit en conseil, qu'il dirige ; on lui parle des problèmes en cours, mais, à la fin de la discussion, la décision est toujours prise par lui, ou du moins en son nom.

Qui peut être ministre ?

Tout le monde, à condition de se montrer digne de la confiance du roi par son travail, son imagination, sa discrétion.

Revers d'une médaille d'argent de 1674.

Deux points forts : le soleil, identifié au roi, et le globe terrestre qu'il illumine de ses rayons. La devise latine « Nec pluribus impar » que le roi a adoptée, signifie qu'il ne se sent inférieur à personne ni incapable d'accomplir au mieux les tâches de souveraineté les plus diverses.

Louis XIV a écarté des postes de ministre les princes de sang royal et les membres de la très haute noblesse*. Il préfère les voir exercer, à sa cour, des fonctions de domestiques[1] attachés à sa personne : manière élégante de les surveiller et de les empêcher de recommencer les troubles de la Fronde. Il leur préfère des hommes actifs et ambitieux, d'origine plus modeste. Il pense qu'ils lui seront d'autant plus dévoués qu'ils lui doivent tout. Colbert qui, de 1661 à sa mort (1683) est chargé des Finances[2] et de la Marine, était fils de drapier[3]. Le secrétaire d'État à la guerre, Louvois (mort en 1691), est fils du chancelier[4] Le Tellier, lui-même bon serviteur de la monarchie.

3 L'ABSOLUTISME

Que veut dire « absolu » ?

L'adjectif absolu (du latin *absolutus,* achevé) signifie : *détaché de toute contrainte, qui se suffit à lui-même.*

---

1. *domestique :* serviteur ; les serviteurs du roi sont des seigneurs qui vivent autour de lui, mais qui n'ont pas de poste important.
2. *finances :* ici, l'argent de l'État.
3. *drapier :* fabricant et marchand d'étoffes.
4. *chancelier :* fonctionnaire royal ayant la garde du sceau de France.

La monarchie absolue est celle qui, théoriquement, donne tous les pouvoirs au roi, et à lui seul. C'est une monarchie sans partage.

Cette monarchie est fille du « **droit divin** ». Puisque le roi est le représentant de Dieu sur la Terre, il est normal qu'il ait en main tous les pouvoirs. Sa parole est la loi vivante. *Lex Rex, Rex Lex = la loi c'est le roi, le roi c'est la loi*, dit l'adage latin. Le roi est aussi chargé de faire exécuter les lois dont il est la source unique. Il ajoute, par conséquent, à son pouvoir législatif le pouvoir exécutif. Il est enfin, nous l'avons vu, juge suprême : le pouvoir judiciaire lui appartient donc aussi. La monarchie absolue met tous les pouvoirs dans les mains d'un seul. Après sa disparition, elle fut accusée d'être le régime du « bon plaisir ». Dans les faits, le « bon plaisir » du roi n'est pas total ; le monarque est obligé de respecter certains usages, qui constituent les **lois fondamentales du royaume** : pas de femme ni de protestant sur le trône, par exemple. Et, en chrétien préoccupé d'assurer son Salut, **le roi est finalement soumis à sa conscience.**

Enfin, l'absolutisme a toujours été considéré par les Français du temps comme le contraire même de la tyrannie*.

*Louis XIV
en costume de sacre.*
Tous les signes de la majesté
et de la souveraineté royale
sont réunis : l'épée, le sceptre,
le manteau fleurdelysé doublé
d'hermine et la haute
perruque, à la mode
au XVIIᵉ siècle.

4 LA MONARCHIE ABSOLUE DANS LES PROVINCES

La France est alors divisée en une trentaine de **provinces**, appelées **généralités**, très inégales en surface. Chacune garde une bonne partie des organes administratifs qu'elle a au moment, où elle est rattachée au royaume. Cette diversité est une source de complications.

La monarchie ne cherche pas à unifier rapidement l'administration : elle a pour habitude de ne rien enlever à ce qui existe déjà, mais de créer des **corps**[1] nouveaux, quand elle juge qu'ils sont devenus nécessaires. La plus remarquable et la plus efficace des ces innovations est le corps des **intendants**.

L'intendant doit être un grand travailleur : le personnel qui l'entoure pour l'aider dans ses multiples tâches est très peu nombreux : jamais plus de quelques dizaines de personnes. Il doit rendre compte régulièrement à Versailles de son action ; mais le courrier circule alors lentement et il faut trois semaines pour porter une lettre de Marseille à Versailles par exemple – et autant pour la réponse ! Aussi laisse-t-on beaucoup d'initiative à l'intendant : sa compétence et son pouvoir s'étendent à peu près à tous les domaines ; il est « le roi dans la province ». Les autres autorités administratives n'aiment pas tellement cette toute-puissance et, parfois, montrent leur mauvaise humeur : c'est le cas des assemblées provinciales appelées États provinciaux, là où il y en a, ou des municipalités*.

Quand prend fin la monarchie absolue en 1789, l'uniformisation administrative et judiciaire est donc loin d'être réalisée.

L'intendant

À partir du milieu du xviie siècle, chaque province en a un. Le roi le nomme et le déplace comme il lui plaît.

Contrairement à tous les autres administrateurs, au statut **d'officiers** – propriétaires de l'office qui leur permet d'exercer leurs fonctions et de toucher des revenus liés à leur activité –, l'intendant est directement payé par le trésor royal.

---

1. *corps :* organe.

Louis XIV au siège de Mons, 1691.

Sous Louis XIV, les sièges ont été fort nombreux. Le roi y assiste volontiers, fort de ce dicton de l'époque : « Ville défendue par Vauban, ville imprenable. Ville assiégée par Vauban, ville prise ». Vauban est le plus grand ingénieur militaire du XVIIᵉ s.

5 « J'AI TROP AIMÉ LES BÂTIMENTS ET LA GUERRE »

Cet aveu de Louis XIV, à la fin de sa vie, concerne sa passion pour les édifices de prestige (le Louvre à Paris, le palais de Versailles) et la solution par les armes des problèmes politiques internationaux.

Sur les 55 ans de son règne personnel (1661-1715), Louis XIV a été en guerre pendant plus de la moitié du temps (30 ans) ; guerre de Dévolution avec l'Espagne (1667-1668) ; guerre de Hollande contre les Pays-Bas et leurs alliés (1672-1678) ; guerre de la ligue d'Augsbourg (1688-1697) contre une coalition* réunissant entre autre l'Angleterre et le Saint Empire ; enfin, guerre de succession d'Espagne (1701-1713). Ces épreuves très lourdes pour les finances publiques ont pour résultat l'acquisition de quelques territoires comme la Flandre, la Franche-Comté.

La paix de Nimègue (1678) marque l'apogée* du règne le plus long de l'histoire française (1643-1715).

6 GRANDEUR ET MALHEURS COLONIAUX*

Aux XVIᵉ et XVIIᵉ siècles

Sous le règne de François Iᵉʳ, qui a vu Jacques Cartier toucher terre au Canada (1525), et surtout sous celui d'Henri IV, qui appuie les entreprises de Champlain (1526-1635) au Canada (où il fonde Québec, en 1608), **la monarchie s'est, par moments, intéressée à l'aventure maritime et coloniale.**

Colbert ardent partisan du **mercantilisme*** a poussé de toutes ses forces Louis XIV à mettre sur pied une **marine.** Longtemps elle est assez forte pour faire jeu égal avec celles du Royaume-Uni et des Pays-Bas. Mais elle décline avec les difficultés de la fin du règne de Louis XIV. Lors des **traités de 1713, une partie du domaine colonial d'Amérique a dû être laissée aux Anglais.**

Au XVIIIᵉ siècle

Sous Louis XV, les Français, par une adroite politique d'entente avec des princes locaux, réussissent à contrôler une grande partie de l'**Inde** ; en même temps, des pionniers[1] explorent l'**Amérique du Nord** derrière les colonies anglaises installées le long de la côte de l'Atlantique.

Au milieu du XVIIIᵉ siècle, la **rivalité franco-anglaise** éclate au cours de trois guerres, celle de la Succession d'Autriche (1740-1748), celle de Sept Ans (1756-1763) et celle d'Indépendance américaine (1775-1782). Les deux premières donnent aux Anglais l'Inde et le Canada ; la troisième permet aux Français d'aider les colons insurgés[2] d'Amérique à gagner leur indépendance et rend la Louisiane, c'est-à-dire la vallée du Mississippi, à la France.

---

1. *pionnier* : quelqu'un qui fait quelque chose avant tous les autres.
2. *insurgé* : celui qui se révolte contre le pouvoir, qui prend les armes contre lui. On parle alors d'*insurrection*.

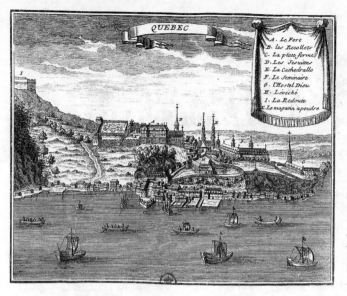

A . Le Fort
B . les Recollets
C . La plate forme
D . Les Jesuites
E . La Cathedrale
F . Le Seminaire
G . l'Hostel Dieu
H . L'eveché
I . La Redoute
K . Le magasin a poudre

Québec au début du XVIIIᵉ siècle.

On remarque que le dessinateur n'a retenu que deux aspects essentiels de cette ville de la Nouvelle France : les constructions liées à l'Église, et celles qui relèvent de la souveraineté pour la défense. Au premier plan, bateaux sur l'estuaire du Saint-Laurent.

Les efforts de grands ministres de la marine, comme Choiseul (1719-1785) et Sartine (1729-1801) n'ont donc pas été également heureux. L'opinion est d'ailleurs peu favorable aux entreprises outre-mer. Voltaire parle avec mépris du Canada, ces « quelques arpents[1] de neige. »

Mais l'important, aux yeux des contemporains, est moins la puissance navale militaire que le **commerce maritime**, **créateur de gros profits** qui marquent le début du **capitalisme***. À la fin du XVIIIᵉ siècle, à la veille de la Révolution française, le commerce maritime français, en particulier avec les Antilles, égale celui de l'Angleterre et se développe plus vite que lui. Malgré son étendue restreinte, et bien qu'il ait été repris en partie par l'Angleterre, grâce aux guerres de la Révolution et de l'Empire (1792-1815), ce premier empire colonial français a une grande importance historique et culturelle. Il est une des racines les plus importantes du **monde francophone**, si vivant aujourd'hui au Québec, à l'Île Maurice, aux Seychelles et même en Louisiane.

---

1. *arpent :* ancienne mesure de surface de terres cultivables.

CULTURE ET ART SOUS LE ROI-SOLEIL

Manifester la victoire de la raison sur les pulsions, de la mesure et de la simplicité sur l'outrance pour aboutir à la vraie grandeur – qui est maîtrise de soi – tel est l'objectif du **classicisme**.

Il accomplit la **révolution scientifique**, seulement amorcée par la Renaissance, avec **Descartes**, **Pascal**, **Fermat**, mathématiciens novateurs, et **Mariotte**, expérimentateur génial. **L'Académie des sciences**, créée par Colbert (1666), symbolise cette ambition.

La littérature doit obéir à des règles codifiées de grammaire et de vocabulaire « conformes au bon usage » comme s'en charge l'**Académie française** (créée par Richelieu en 1635). Il en est de même pour le théâtre qui, lui, doit obéir à la fameuse **règle des trois unités** (lieu, temps, action). Amateur au goût très sûr, Louis XIV soutient de sa faveur **Corneille**, **Racine**, **Molière**. Il admire sans réserve **Bossuet** et **Boileau**. Le fabuliste **La Fontaine** et l'épistolière **Madame de Sévigné** sont des témoins précieux de leur époque.

À gauche : **Descartes (1596-1650)**.
Ci-dessus : **Racine (1639-1699)**.

Le château de Fouquet à Vaux-le-Vicomte
Il fut construit en 1656 pour le surintendant des Finances Fouquet par les meilleurs artistes du temps : Le Vau, Le Brun et Le Nôtre. Le 17 août 1661, Louis XIV assiste à une fête donnée par Fouquet. Jaloux, il lance une enquête sur les finances du surintendant et le fait arrêter. Fouquet passera le reste de sa vie en prison, où il mourra en 1680.

Ci-dessus :
Madame de Sévigné (1626-1696)
À droite :
Molière en Sganarelle (1622-1673)

Les trente-cinq dernières années du règne voient s'épanouir un esprit nouveau, plus critique, illustré par **Fénelon**, **La Bruyère**, **Bayle**.
Avec Versailles, la plupart des artistes trouvent à employer leur génie : parmi les plus remarquables, les architectes **Mansart**, **Perrault**, **Le Vau** ou le concepteur de jardins **Le Nôtre** ; les peintres **Le Brun** et **Mignard** – que précèdent **Philippe de Champaigne**, **La Tour**, les frères **Le Nain** ou **Poussin** ; les sculpteurs **Puget** et **Coysevox** ; le musicien **Lulli**.

VERSAILLES

Louis XIV, qui se souvient des troubles de la Fronde (1648-1653) quand il était enfant, n'aime pas Paris. Soucieux de vivre dans un cadre digne de lui et de sa cour, il crée de toutes pièces à Versailles, à partir d'un petit pavillon de chasse construit par son père Louis XIII, un palais somptueux dans un parc qui ne l'est pas moins, dessiné par Le Nôtre.

Versailles a été pendant cinquante années un chantier permanent. En 1682, le palais devient la résidence officielle de la cour et le restera jusqu'en 1789. Toute une ville se bâtit autour du château royal.

Les agrandissements successifs sont dus essentiellement à deux architectes : **Le Vau** et **Mansart**.

Sur la gravure, on voit distinctement le pavillon central précédé de la Cour de marbre. En avant, les deux ailes qui délimitent la Cour royale ont été construites par Le Vau. Une grille ferme le château de ce côté. C'est là le premier Versailles où Louis XIV, de 1664 à 1668, donna des fêtes splendides.

Du côté du parc, Le Vau a construit une immense façade à l'antique que couvre une terrasse à l'italienne.

La Nuit, par Le Brun
Château de Saint-Germain-en-Laye. Plafond de l'alcôve du salon des Muses.

La décoration intérieure du « deuxième Versailles » est réalisée sous la direction du peintre **Le Brun**.

En 1676, Mansart prend la direction des travaux et agrandit le château. Du côté de l'entrée, il construit les deux ailes des Ministres et, sur la place d'armes, les deux Écuries du roi. Du côté du parc, il prolonge la façade de Le Vau par deux ailes en retour.

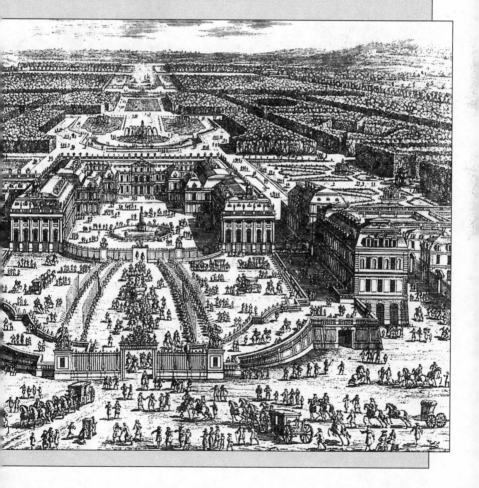

CHAPITRE 7

L'ÈRE DES LUMIÈRES

1 LE XVIIIᵉ SIÈCLE, SIÈCLE FRANÇAIS

Le français, langue du xvIIIᵉ siècle

Chaque époque donne plus d'importance à une langue pour faciliter les rapports entre peuples différents : le latin au Moyen Âge, l'italien lors de la Renaissance, l'espagnol aux xIV-xvIIᵉ s., l'anglais aujourd'hui ; au xvIIIᵉ siècle, c'était le français.

Depuis les traités de Westphalie (1648), le français est devenu la **langue de la diplomatie*** et celle des **traités*** de paix. Il l'est resté pendant trois siècles : les diplomates apprécient sa précision et sa parfaite clarté.

Au xvIIIᵉ siècle, plus encore qu'au xvIIᵉ siècle, le français est la **langue de tous les Européens cultivés**. L'éclat de la littérature française de l'époque n'est pas étranger à ce succès.

Enfin la vitalité **démographique*** de la France – État le plus peuplé d'Europe – et sa vitalité artistique – l'art et l'architecture français partout imités – donnent au rayonnement de la langue française d'autres bases extrêmement solides.

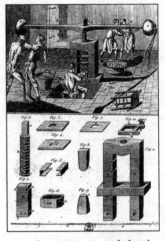

Le monnayage au balancier. Frappe des pièces de monnaie à l'aide du balancier qui garantit une empreinte impeccable.

*À droite : **Une forge**. Façonnage d'une pièce à l'aide d'un gros marteau que soulève une roue à cames entraînée par un moulin à eau (à l'extérieur).*

L'Encyclopédie

L'*Encyclopédie* est un travail d'une telle importance qu'il a fallu attendre un siècle pour le voir surpassé. Son rayonnement s'est étendu jusqu'aux régions les plus lointaines touchées par la civilisation européenne : la Russie, mais aussi les colonies d'Amérique.

Comment un étranger aurait-il pu rester insensible à un pareil travail qui rassemble sous une forme commode toutes les lumières, c'est-à-dire les acquis du savoir et de la raison ?

L'ENCYCLOPÉDIE (1751-1772)

L'Encyclopédie est un « Dictionnaire raisonné des sciences et des arts ». C'est une œuvre d'indépendance philosophique, religieuse et de vulgarisation scientifique.

Diderot et **d'Alembert** en ont été, vingt ans durant, les maîtres d'œuvre mais tous les écrivains du temps y collaborèrent (Rousseau, Voltaire, Helvétius…).

Ils y glissent des articles qui veulent informer, mais démontrent aussi l'absurdité de beaucoup d'institutions ou de croyances, à commencer par de nombreuses idées de la religion chrétienne. **Raison et tolérance**[1] deviennent les maîtres-mots de toute l'école philosophique.

Grande nouveauté pour l'époque, un tiers du total (11 volumes sur 33) est réservé à des **planches d'illustrations techniques**, comme celles-ci sur le monnayage ou le travail du fer.

---

1. *tolérance :* disposition à admettre chez les autres des façons d'agir ou de penser différentes des siennes.

2 UN ESPRIT NOUVEAU : LES LUMIÈRES

Dès la fin du règne de Louis XIV, des penseurs, des écrivains ont commencé à mettre en doute le bien-fondé des décisions prises par le roi. Louis XIV a vu mourir successivement tous les descendants que le droit dynastique désignait pour lui succéder. Quand il meurt, en 1715, à 77 ans, c'est son arrière-petit-fils âgé de cinq ans qui devient roi, sous le nom de **Louis XV**. Une régence est nécessaire. Aussi longtemps qu'elle dure (1715-1723), la plus grande liberté se manifeste dans les mœurs comme dans la pensée :

Rousseau herborisant.
Jean-Jacques a su soigner son image de grand ami de la nature. Un écologiste avant l'heure.

> *Le temps de l'aimable Régence,*
> *Où l'on fit tout, excepté pénitence.*

Le ton est donné. Tout le XVIIIe siècle est marqué par le même esprit : remise en cause de la monarchie, de l'aristocratie et de l'Église.

Passions dans le débat d'idées

La littérature devient une littérature critique, de combat. Les écrivains les plus marquants sont à cette époque : **Bayle** (1647-1706) ; **Fontenelle** (1657-1757).

Montesquieu (1689-1755), qui définit dans *l'Esprit des Lois* (1748) les principes sur lesquels, selon lui, la société doit être organisée.

Voltaire (1694-1778) commence alors une carrière littéraire longue de deux tiers de siècle. Enrichi par ses succès, il finira noblement sa vie dans son château de Ferney (voir ci-contre).

Diderot (1712-1778) ; le naturaliste **Buffon** (1707-1788) ; **Rousseau** (1712-1778) dont les œuvres, en particulier *Le Contrat Social* (1762) sont la « Bible » de tout un courant de pensée débouchant vers les idées nouvelles de souveraineté nationale, d'égalité et de démocratie.

TROIS « LUMIÈRES » PARMI LES PLUS IMPORTANTES

◄ Pour le magistrat **Montesquieu**, les pouvoirs – législatif, exécutif, judiciaire – doivent être séparés et équilibrés afin d'assurer la liberté de chacun.

Voltaire a été un touche-à-tout de génie : auteur de pièces de théâtre, de romans, de traités philosophiques, ses rapports sont chaleureux avec les plus grands, comme le roi de Prusse Frédéric II. Mais c'est aussi un homme d'affaires avisé avec des intérêts dans la traite des noirs. ▼

▲ Quant à **Rousseau**, l'égalité est la grande passion de sa vie depuis sa première œuvre qui l'a fait connaître (1755).

Naissance du libéralisme* économique

Au même moment, la France voit naître l'une
des toutes premières et des plus importantes écoles
d'**économie politique**, avec les économistes **Quesnay**
(1694-1774), – père de la formule « Laisser faire,
laisser passer », qui est le résumé de la pensée du
libéralisme économique, triomphant au XIXe siècle,
– **Gournay** (1712-1759), **Turgot** (1727-1781) et
Dupont de Nemours (1739-1817) ; ce dernier, après
avoir émigré aux États-Unis, pendant la Révolution, est le fondateur d'une des dynasties industrielles les plus célèbres et les plus riches du monde.

Ces théoriciens n'ont pas fait que penser et écrire.
Ce sont aussi des praticiens[1] : Turgot a été
intendant sous Louis XV et ministre sous
Louis XVI ; et les autres ont su remarquablement
diriger leurs propres affaires.

3 D'IMMENSES PROGRÈS… QUI CONDUISENT À LA RÉVOLUTION

Des années prospères

Tout au long du XVIIe siècle comme dans les siècles
précédents, la France a subi disettes[2] et épidémies :
celles-ci disparaissent après une dernière attaque
en 1720.

Le règne de Louis XV (1715-1774) a été très long.
Beaucoup de critiques lui ont été faites : le roi aurait
été plus préoccupé de ses plaisirs personnels – il collec-
tionne les maîtresses dont Mme de Pompadour et
Mme du Barry… – qu'au bien de l'État ; il aurait épuisé
les finances publiques dans des guerres répétées, inutiles
et, pour certaines, perdues. En fait, il est peu d'époques
dans l'histoire où autant de **progrès dans tous les
domaines** ont été accomplis. Jamais auparavant,
sauf peut-être au moment des belles années du Moyen
Âge, les Français n'ont aussi bien vécu.

POUR MÉMOIRE

**La famille
Dupont de Nemours**

Pierre Samuel
(1739-1817)

Éleuthère Irénée
(1771-1834)
Collaborateur du
chimiste Lavoisier,
il s'est installé aux États-
Unis où la poudrerie
qu'il a fondée en 1802
est à l'origine de la
firme chimique qui
porte encore son nom.
Elle est aujourd'hui la
première société
mondiale de produits
chimiques.

---

1. *praticien :* qui met en pratique, qui exécute.
2. *disette :* manque du nécessaire, spécialement de vivres.

Les hommes et les idées circulent

Le confort, les plaisirs de la table, des voyages, de la lecture, de la conversation deviennent une habitude chez un nombre grandissant de Français ; non seulement dans la très mince couche de la noblesse riche, mais aussi chez tous ceux qui s'affirment par leurs talents : ni Voltaire, ni Diderot ne sont d'origine noble. L'un et l'autre sont reçus comme des amis par les plus grands rois du moment, Frédéric II de Prusse, Catherine II de Russie. Plus que jamais la « **République des lettres** » est sans frontières ; et c'est en français que s'exprime toute l'Europe cultivée. **Cette noblesse francophone est aussi cosmopolite,** ouverte à tout ce qui vient d'ailleurs.

Les idées circulent d'un bout à l'autre de l'Europe, aussi vite que le permettent les moyens de communication, maintenant plus efficaces : la navigation est en grand progrès, et les **routes royales** font l'admiration de tous ceux qui, comme l'Anglais Arthur Young vers 1785, voyagent à travers la France.

Réseau routier et vitesse de circulation à la fin du XVIIIᵉ s.
Sur la carte figurent les principales routes royales en 1780. Leur disposition en étoile autour de la capitale est très révélatrice de la centralisation que souhaitait renforcer l'ancien Régime. Les tracés « isochrones » visualisent les temps de parcours – en journées – entre Paris et les villes desservies par les moyens de transport usuels à l'époque (coche, messagerie et diligence). D'une extrémité à l'autre, la France « mesure » une dizaine de jours ; quinze ans plus tôt, les distances en temps étaient deux fois plus longues. Grâce au chemin de fer, après 1665, un jour suffit pour aller d'un extrêmité à l'autre de la France.

4 ESSOR DE LA CONTESTATION

Critique de l'absolutisme

Curieusement, le bien-être renforce la contestation.
On met en cause la cruauté de la justice,
l'administration parce qu'elle crée de nouveaux
organes sans supprimer les anciens, ce qui apparaît
peu rationnel ; dans l'autre sens, des critiques
s'adressent à ces créations nouvelles qui prennent
forme. Ainsi, les intendants finissent par être
accusés de favoriser le pouvoir absolu. Ne vaudrait-
il pas mieux limiter celui-ci par une constitution*
écrite ? Chacun des trois pouvoirs, s'il devient
indépendant, y équilibrera, pense-t-on, les deux
autres, pour le plus grand bien des libertés
individuelles.

Un système fiscal à améliorer

Depuis toujours, le roi a tendance à dépenser plus
que ne lui rapportent les impôts. Augmenter ces
derniers n'est guère possible, sans une réforme
complète du système fiscal (des impôts*). Les
paysans sont les principales « vaches à lait » du fisc
royal : sur eux pèsent les impôts directs royaux.
Vieillie, la fiscalité souffre de deux maladies
principales : elle est mal organisée et ne frappe
pas assez les revenus du commerce ou de
l'industrie, qui sont les deux activités montantes ;
sa perception est lourde et coûteuse.

Mais comment améliorer le tout sans faire tomber
ce qui est le fondement même de la société ?

Celle-ci est divisée en **trois ordres** ou « états »,
le **clergé**, la **noblesse** et le **Tiers État**, obéissant
chacun à des lois qui leur sont propres.

Le mot **privilège** (= loi privée), qui caractérise cette
législation, a fini par désigner, au xviiie siècle, les
avantages reconnus aux deux ordres les plus élevés :
clergé et noblesse, parvenus à échapper au plus gros

Impôts directs royaux

Taille : impôt pesant
essentiellement sur les
roturiers (ceux qui
ne sont pas nobles),
surtout les paysans.

Capitation : impôt
payé par tout chef de
famille, qu'il soit noble
ou roturier.
Son taux est progressif,
du manouvrier
au prince du sang
(capitation veut dire
taxe par tête).

Vingtième : il pèse,
en principe, sur tout le
monde ; c'est un impôt
sur le revenu.

Impôts indirects royaux

Gabelle : impôt sur le
sel (principal moyen de
conserver les denrées
périssables à l'époque).
Il est particulièrement
impopulaire.

Aides : impôt sur les
boissons.

des impôts royaux. La charge pesant sur le troisième ordre, appelé pour cela Tiers État – les **roturiers***, c'est-à-dire en très grande majorité les paysans – en est accrue d'autant.

Faute d'augmenter les impôts, le roi peut tenter d'emprunter. Il n'y a pas manqué : mais d'une manière assez modérée jusqu'aux premières années du règne de Louis XVI, petit-fils de Louis XV à qui il succède en 1774.

Des tentatives de réformes mal comprises

Des ministres tentent de grandes réformes, qui, mal comprises, ne tardent pas à être combattues par l'opinion publique, puis rejetées par le roi lui-même.

Parmi ces ministres les plus remarquables ont été **Maupeou** (chancelier en fonction de 1768 à 1774) et aussi **Turgot**, ministre de 1774 à 1776.

Ce dernier, ami des philosophes décide de **grandes réformes économiques libérales**, comme la suppression des douanes intérieures, la libération du commerce et de l'industrie et a l'idée d'une **réforme des impôts**. Ces mesures, pensées de façon d'ailleurs trop sèche, touchent trop d'intérêts, et des intérêts trop puissants : Turgot fut renvoyé au bout de deux ans (1776).

Le paysan écrasé d'impôts.
Caricature dénonçant les privilèges du clergé et de la noblesse dont le poids s'ajoute à celui de la taille et des corvées (le bloc de pierre).

5 L'ABSOLUTISME TUÉ PAR LA DÉTRESSE FINANCIÈRE

« Un État pauvre dans un pays riche »

Telle est la France à la veille de 1789. Les dépenses de l'État, alourdies monstrueusement par le coût de la guerre d'Indépendance américaine, n'ont pu être financées par l'impôt : entre 1780 et 1787, la monarchie a trois fois plus emprunté qu'au cours des trois siècles précédents.

Cette politique a été lancée par les ministres des Finances, **Necker** (en fonction de 1776 à 1781, bien que protestant et genevois, donc étranger), puis par **Calonne** (en fonction de 1785 à 1787) ; elle a, comme toujours, donné beaucoup de facilité d'abord au Trésor public, et créé une grande prospérité apparente. Jamais l'État n'a autant dépensé qu'alors ; mais il faut toujours de **nouveaux emprunts** pour payer les intérêts des précédents et assurer les dépenses courantes, que l'impôt ne couvre qu'aux trois quarts.

En 1787, **le public perd confiance :** il refuse de prêter de l'argent à l'État, qui est au bord de la faillite. La réforme du système fiscal, toujours remise au lendemain, redevient de la plus urgente nécessité : comme il s'agit d'un véritable bouleversement des institutions, les usages veulent que le pays donne son avis : il faut réunir les **États généraux**[1] pour la première fois depuis 1614-1615.

---

1. *États généraux :* on appelle ainsi l'assemblée des représentants élus des trois ordres – clergé, noblesse, Tiers État – que la monarchie réunit seulement quand elle le juge nécessaire, c'est-à-dire rarement. La dernière réunion a eu lieu en 1614-1615 !

CHAPITRE 8

1789-1815 :
LA RÉVOLUTION FRANÇAISE ET SES SUITES

1 1789 : LA MONARCHIE CONSTITUTIONNELLE*

Obligée, à cause de ses graves problèmes financiers, de demander au pays un effort financier, la monarchie absolue ne tarde pas à disparaître.

Contrôle du gouvernement par les représentants de la nation

Près des trois quarts des députés aux États généraux rassemblés à Versailles à partir de mai 1789, pensent qu'ils ne peuvent se contenter d'accorder au roi l'argent qu'il réclame. Ils veulent savoir à quoi il sera utilisé, ce qui revient à exiger un **droit de contrôle de la nation sur l'emploi de l'argent public** ; en d'autres termes, à mettre fin au secret des finances royales, une des pièces essentielles de l'absolutisme. C'est là adopter une attitude révolutionnaire.

Les députés déclarent représenter les 96/100e de la nation et se nomment **Assemblée nationale constituante**. Le roi refuse d'abord toute discussion, mais il doit finalement céder. D'abord parce qu'il a besoin d'argent. Mais aussi, parce que les députés reçoivent un appui inattendu et très important : celui du peuple de Paris. Une dernière fois, le roi tente de lutter : **il renvoie Necker,** son principal ministre, alors très populaire. À cette nouvelle, la population de Paris croit à un coup de force préparé par le roi. À la recherche d'armes, **le 14 juillet 1789, elle attaque la Bastille,** vieille forteresse du XIVe siècle, qui avait été transformée en prison d'État.

POUR MÉMOIRE

**1789-1799 :
en dix ans, quatre régimes différents**

L'Assemblée constituante
9 juillet 1789 -
30 septembre 1791

L'Assemblée législative
1er octobre 1791 -
20 septembre 1792

La Convention
21 septembre 1792 -
25 octobre 1795

Le Directoire
26 octobre 1795 -
9 novembre 1799

Abolition des privilèges

En même temps, dans la plupart des campagnes, des soulèvements paysans mettent fin au système féodal et exigent la disparition des droits seigneuriaux. Une satisfaction de principe est donnée à ces demandes par l'Assemblée nationale : un vote supprime les privilèges dans la **nuit du 4 août 1789.**

Déclaration des droits de l'homme et du citoyen*

Elle est votée le 26 août 1789 par l'Assemblée Constituante. Ce titre même était un programme révolutionnaire. Sous l'Ancien Régime, les Français n'avaient que des devoirs ; le premier acte constitutionnel de l'Assemblée est de proclamer leurs droits politiques (voir p. 74-75).

En trois mois, la monarchie absolue, où le roi détenait tous les pouvoirs confondus sur l'ensemble des Français, ses « sujets », a fait place à un **régime constitutionnel** : le roi reste le chef de l'État ; mais seul, le pouvoir exécutif lui est laissé. Son rôle est de faire exécuter les lois que votent les députés, représentants de la nation. Les sujets sont devenus des citoyens, et la souveraineté*, l'autorité que la conception absolutiste du droit divin faisait descendre d'en haut – de Dieu –, vient maintenant d'en bas – de la masse des citoyens exprimant leur volonté par un vote.

La prise de la Bastille ▶ (14 juillet 1789).
La haute forteresse datant de Philippe Auguste (XII-XIIIe s.) n'a plus aucune valeur militaire. Elle sert de prison d'État pour les très rares condamnés par « lettre de cachet » (décision royale sans jugement régulier). Le 14 juillet est devenu une date symbolique surtout à partir de 1790, quand a été célébrée, à Paris, la fête de la Fédération : des délégués élus de la France entière viennent y affirmer alors leur volonté d'être français. La souveraineté vient désormais d'en bas, de la nation.

2 LE NOUVEAU VISAGE DES INSTITUTIONS

Séparation et équilibre des trois pouvoirs

Toutes les institutions monarchiques sont rejetées par les hommes de 1789. À leur place, un savant équilibre des pouvoirs, dans la ligne définie par Montesquieu.

Une assemblée élue par le **suffrage censitaire***
exerce le pouvoir législatif. Le roi garde le pouvoir
exécutif ; le pouvoir judiciaire est entièrement
indépendant des deux autres et, lui aussi,
entièrement reconstruit. La France actuelle doit
toujours beaucoup aux institutions créées alors
dans tous les domaines : administratif, judiciaire,
financier, militaire… il y eut même, un peu
plus tard – 1793 –, une tentative au succès
sans lendemain pour introduire un **calendrier
républicain** en usage officiellement de 1793
à 1806.

Le calendrier républicain

Il comprenait 12 mois
de 30 jours : *vendémiaire,
brumaire, frimaire*
(automne) ; *nivôse,
pluviôse, ventôse* (hiver) ;
germinal, floréal, prairial
(printemps) ; *messidor,
thermidor, fructidor* (été)
et 5 jours complémen-
taires (6 les années
bissextiles).

3 UN QUART DE SIÈCLE DE TRANSFORMATIONS

La France en guerre

Avril 1792, la France est en guerre, d'abord avec l'Empereur, c'est-à-dire l'Autriche, puis la Prusse, le Royaume-Uni, l'Espagne, les États italiens... toute l'Europe enfin. Et les guerres vont durer plus de vingt années, avec une seule interruption – très courte : dix-huit mois ! – en 1803-1804.

Fin de la monarchie, naissance de la République

Louis XVI, soupçonné de trahir[1] la France pour l'Empereur, son beau-frère, est détrôné le 10 août 1792, condamné à mort et guillotiné[2] le 21 janvier 1793. La reine Marie-Antoinette connaît le même sort à l'automne.

La République, proclamée le 20 septembre 1792, se trouve aussitôt face aux plus graves dangers. L'assemblée qui détient alors le pouvoir législatif, de 1792 à 1795, la Convention, est la première à avoir été élue au suffrage universel. Les partis s'y battent avec violence ; d'abord les plus influents, les Girondins, sont chassés (beaucoup d'entre eux seront guillotinés), au milieu de 1793, par les Montagnards, partisans de la Terreur*. Un Comité de salut public (voir aussi p. 72), issu de la Convention, s'est formé, dans lequel Robespierre ne tarde pas à jouer le rôle principal. Mais il est à son tour remplacé en Thermidor – juillet 1794 – par les survivants de l'Assemblée.

Robespierre.

La Révolution a donné un rôle essentiel aux hommes capables de s'imposer par la parole à des assemblées élues ou à des rassemblements populaires. Les adversaires de Robespierre redoutaient son prodigieux talent : les 7, 8, 9, 10 thermidor, ils l'ont éliminé, l'empêchant de parler à la Convention.

---

1. *trahir :* tromper ; pour un soldat, passer dans le camp ennemi.
2. *guillotiner :* couper la tête à l'aide d'un instrument appelé *guillotine*.

Ces Thermidoriens, comme les Constituants de 1789-90, voudraient bien terminer la Révolution maintenant que les réformes essentielles à leurs yeux sont réalisées. Ils s'accrochent au pouvoir de 1794 à 1799. Sous le **Directoire** (octobre 95-novembre 99), la vie politique est très agitée. La République est menacée à l'intérieur par les luttes entre révolutionnaires et royalistes et les conflits entre les différents pouvoirs ; à l'extérieur par la guerre contre une grande partie de l'Europe. Le Directoire ne tarde pas à tomber.

Du Directoire à l'Empire

Le 18 brumaire an VII (9 novembre 1799), le général **Napoléon Bonaparte**, que ses victoires ont rendu très populaire, s'empare du pouvoir par un **coup d'État***. Il fonde le **Consulat** (1799-1804), bientôt transformé en **Premier Empire** (1804-1815).

De nombreuses victoires militaires dont les noms baptisent bien des ponts, des avenues ou des places des villes françaises – Rivoli, Marengo, Austerlitz, Iéna, Wagram... – finissent par une **coalition générale de l'Europe contre la France impériale** : après une guerre meurtrière en Russie, 1812, l'Empire tient tête encore pendant un an, lors de la campagne d'Allemagne, 1813. Mais en 1814, la France est envahie ; Napoléon doit abdiquer, c'est-à-dire quitter le pouvoir. Il est exilé[1] par ses vainqueurs à l'île d'Elbe, d'où il revient au début de 1815, pour tenter à nouveau, en vain, sa chance durant **les Cent-Jours** (mars-juin 1815).

Les contre-révolutionnaires

Dès son début, la Révolution a vu se dresser contre elle de plus en plus d'adversaires. Aux partisans de l'Ancien Régime s'ajoutent ceux de la monarchie constitutionnelle, quand la France devient république, puis les chefs des partis successivement chassés du pouvoir, comme par exemple les Girondins, désireux de prendre leur revanche sur les Montagnards en 1793-1794.

Parmi les royalistes, certains ont émigré* et tentent de former une armée qui combatte aux côtés des puissances avec qui la France est en guerre.

Mais le danger le plus menaçant pour le gouvernement de Paris a été l'insurrection vendéenne, dans l'Ouest de la France (1793-1795).

---

1. *exiler :* chasser quelqu'un de son pays.

Le 18 juin 1815, la bataille de **Waterloo**, en
Belgique, gagnée par l'Anglais Wellington
et le Prussien Blücher, met fin à l'aventure
napoléonienne, commencée vingt ans plus tôt.
Napoléon abdique, se livre aux Anglais qui
l'exilent à l'île Sainte-Hélène, dans l'Atlantique
Sud, à 6 000 kilomètres de la France. Il y meurt
en 1821.

Une France sous surveillance

Napoléon compte finalement plus par les
institutions nouvelles qu'il a créées que par
la gloire militaire. Car les résultats de cette dernière
apparaissent bien négatifs ; **la France de 1815
a perdu toutes les conquêtes faites depuis 1792**
et se retrouve à peu près dans ses frontières
d'avant la Révolution : fallait-il tuer trois ou quatre
millions d'Européens, dont un tiers de Français,

*Napoléon idolâtré par
la Grande Armée.*

*L'Empereur sait
à merveille provoquer
l'ardeur enthousiaste de
ses soldats. Par exemple
en les visitant au bivouac
à la veille d'une grande
bataille. Ici, à Austerlitz,
dans la nuit du 1ᵉʳ au
2 décembre 1805.*

en vingt ans, pour pareil résultat ? À peu près toutes les colonies ont été perdues ; le commerce maritime, si brillant en 1789, est totalement ruiné. Et la France en sort avec une mauvaise « image de marque », au moins aux yeux des gouvernements qui l'ont vaincue par leur coalition. Pendant un demi-siècle, elle a la réputation d'être le **trouble-fête en Europe**, ce qui justifie, à leur yeux, la création contre elle d'institutions de surveillance : on la croit capable de donner la maladie de la révolution. La plus importante de ces institutions de surveillance sera, après 1815, **la Sainte-Alliance**.

4 LA DESCENDANCE DE LA RÉVOLUTION FRANÇAISE

Du début de la Révolution française – 1789 – à la fin de l'Empire – 1815 –, il s'est écoulé un quart de siècle. Ces vingt-cinq ans forment un bloc, aussi bien dans la conscience collective des Français, que dans celle des Européens.

De la gloire aux désillusions

La France s'est montrée assez puissante pour être capable d'équilibrer, à elle seule, toute l'Europe, pendant bien des années ; mais elle a, en définitive, perdu.

La France, blessée par la défaite militaire, l'est aussi par les déchirements entre Français. Ceux d'entre eux qui avaient refusé la Révolution et choisi l'exil de l'émigration pour combattre aux côtés de ses ennemis, avaient finalement gagné, même s'ils n'avaient pu rétablir la France de 1788, comme certains le souhaitaient.

Pour les partisans de la Révolution, ce triomphe partiel est amer. La crainte de voir nobles et clergé réclamer la restitution des « biens nationaux », qui leur avaient été confisqués, puis qui avaient été achetés par de nombreux propriétaires

La Sainte-Alliance

Il s'agit d'une sorte d'« internationale » des rois pour combattre toute menace révolutionnaire qui viendrait à se révéler en Europe, après 1815.
Le gouvernement anglais et surtout Metternich, Premier ministre autrichien, a ajouté aux idées du tsar, père du projet initial, les moyens pratiques d'une telle action : intervention militaire décidée après un congrès réuni spécialement. Avec succès dans l'ensemble jusqu'en 1848.

demeurés, eux, en France, est restée très vivante pendant tout le XIXᵉ siècle. Elle a beaucoup fait pour éloigner finalement les Français de la monarchie et leur faire préférer, dès 1830, le drapeau tricolore de la Révolution au drapeau blanc des Bourbons.

La France a aussi fait l'expérience en 1793-1794 d'**un gouvernement dictatorial** (tyrannique) : le grand danger couru par la patrie a expliqué l'installation du Comité de salut public.

Ses membres les plus actifs appartenaient au Club des jacobins. Leur ambition était une **république une et indivisible.** Tout ce qui ne rentrait pas dans la norme[1] était, à leurs yeux, suspect et devait, par conséquent, être détruit. Uniformité au nom de la raison.

Napoléon Bonaparte avait été jacobin. Les réformes qu'il a apportées à la France s'inspirent directement de ces idées ; en particulier une **centralisation administrative** beaucoup **plus forte** que sous l'Ancien Régime.

La France vue par les autres

Aux yeux de l'étranger, la France a acquis une étrange réputation : celle d'une force qui peut apporter le désordre et l'instabilité. Aussi la France garde-t-elle la sympathie de ceux qui, peu nombreux, souhaitent voir détruit l'ensemble politique et territorial établi par le traité de Vienne de 1815. La France révolutionnaire, comme ses chants entraînants : la *Marseillaise*[2], le *Chant du Départ*, la *Carmagnole* ou le *Ça ira*, est un modèle pour les révolutionnaires européens. Par contre, les monarques se méfient de la France ; ils voient en elle une source de révolutions, non sans raison. Paris se soulève en 1830 et 1848 contre les

---

1. *norme :* principe qui tient lieu de règle, de loi.
2. La *Marseillaise* est aujourd'hui encore l'hymne national français.

gouvernements alors au pouvoir ; et l'Europe,
aussitôt, traverse une crise révolutionnaire. Les
dirigeants européens pensent, également, que les
ambitions et les rancunes françaises peuvent
replonger l'Europe dans la guerre. C'est pourquoi,
encouragés par Metternich, ministre influent de
l'empereur d'Autriche, ils surveillent de près de
1815 à 1848, les signes de bouleversement que la
France, au moins par ses idées, pourrait
encourager.

**Comment traverser
le Pas-de-Calais ?**
*Le tunnel sous la Manche
est une vieille idée. Ici, il
s'agit d'éviter la « Royal
Navy » en passant par-
dessous, ou par-dessus.
Fantasme de dessinateur
et propagande de 1804.*

LA DÉCLARATION DES DROITS DE L'HOMME ET DU CITOYEN

Ce panneau de l'époque révolutionnaire est certes important par son texte mais tout autant par les symboles qui l'accompagnent. Le triangle – signe maçonnique autant que niveau de maçon – entourant un œil d'où rayonne la lumière, les chaînes brisées, l'ange ou la déesse de la justice, le bonnet phrygien – porté par les esclaves antiques affranchis de leur servitude – la pointe d'une lance au fût en faisceau, qui évoque le pouvoir souverain, les guirlandes de feuillages, signes de paix et de prospérité…

Le texte est beaucoup plus ambitieux que ceux, d'origine anglaise (Pétition du droit, 1628 ; Déclaration des droits – *Bill of Rights*, 1689) ou américaine (Déclaration d'indépendance des États-Unis, 1776). Ceux-ci ne prétendaient à rien d'autre qu'à s'élever contre une décision arbitraire erronée du pouvoir royal. Le texte français, lui, veut définir des principes de portée universelle, valables quel que soit le pays.

Hommage significatif – les dix premiers amendements ajoutés en 1791 à la Constitution des États-Unis, entrée en vigueur en 1787, ne sont rien d'autre qu'une liste des droits de l'homme oubliés dans le texte original de 1776. Ce dernier était fort présent dans l'esprit des Constituants, qui l'admiraient. Ils ont voulu, au cas où le roi parviendrait à rétablir un pouvoir absolu à son profit, danger très réel en août 1789, laisser une sorte de testament politique pour les générations futures. Mais certains parmi eux auraient souhaité aussi assortir la liste des droits d'une liste de devoirs. Ils n'ont pas été écoutés. Une autre tentative a eu plus de succès – éphémère – en 1795. Dans la Déclaration des droits qui précède la Constitution de 1793 – jamais appliquée –, la Révolution a voulu élargir le champ défini en 1789. Son texte compte deux fois plus d'articles que la précédente.

Aujourd'hui, la Déclaration Universelle des droits de l'homme de 1948 a triplé le nombre des droits inhérents à la personne humaine.

La nécessité d'affirmer des droits propres à la personne humaine a finalement été acceptée par la grande majorité des nations du monde. Cette vision universaliste a pris réellement naissance lors de la Révolution française.

L'HÉRITAGE DE LA RÉVOLUTION

Le pouvoir à **la nation seule**, composée des citoyens adultes. Elle l'exerce par élection.

Le **droit de vote**, réservé aux citoyens (à l'exception des femmes jusqu'en 1945). Il ne prend définitivement la forme du suffrage universel qu'en 1848 et remplace alors le suffrage censitaire.

La **séparation des trois pouvoirs** que l'Ancien Régime confondait dans les mains du roi : le législatif, l'exécutif, le judiciaire.

La **liberté personnelle** et l'**égalité devant la loi**.

L'**unité nationale** : la France « une et indivisible » adopte un nouveau drapeau tricolore (sauf de 1814 à 1830) et le 14 juillet pour fête nationale (en 1889 définitivement).

L'**uniformité juridique** – le même droit appliqué à tous –, **fiscale** – égalité devant l'impôt –, **administrative** – par la subdivision du pays en circonscriptions nouvelles, les départements, appliquant tous la même règle.

Le **marché national unique**, par suppression des barrières douanières entre provinces. Après 1850, les chemins de fer font de ce marché national une réalité.

L'**égalité devant l'impôt du sang**, par le service militaire obligatoire (conscription).

L'**unité des poids et mesures** – le mètre et ses divisions multiples.

Les **Grandes Écoles** où l'on accède par concours très sélectif (Normale supérieure, Polytechnique…).

Plantation de l'arbre de la Liberté

L'HÉRITAGE DU CONSULAT ET DE L'EMPIRE

Une **centralisation administrative**, contrastant avec les tendances décentralisatrices du début de la Révolution mais conforme à l'esprit jacobin.

Le **préfet**, directement sous les ordres du ministre de l'Intérieur qui le nomme et le déplace sans avoir à donner d'explications. Face à ce haut-fonctionnaire d'autorité, le **Conseil général** élu a souvent peu de poids.

Une **administration fiscale** nouvelle pour affermir les finances de l'État. Les contrôleurs fixent le montant des « contributions » (les « 4 vieilles »). Aux percepteurs de faire rentrer les sommes dues. Les impôts indirects (douanes, « droits réunis » sur les alcools) redeviennent très importants.

Le **franc germinal** (ou franc or) reste stable jusqu'en 1914 et la **Banque de France** est la seule autorisée à émettre du papier monnaie (billets de banque).

La pacification religieuse, par le **Concordat** de 1801 : il définit les rapports entre l'État français et l'Église catholique jusqu'en 1905.

La **réorganisation de la justice,** complétée par des **codes** (code civil, 1804). Au XIXᵉ s., la législation française servira de modèle aux États qui cherchent à se

*Première distribution des **croix de la Légion d'honneur** par Napoléon-Bonaparte, Premier Consul, 1804. Gravure.*

moderniser, par exemple le Japon. Réorganisée, la **gendarmerie** assure le maintien de l'ordre.

La mise en place de l'Université d'État dont les professeurs sont les seuls désormais à pouvoir accorder des titres universitaires. Les lycées assurent la formation secondaire : aux meilleurs s'ouvre l'accès aux grandes écoles.

CHAPITRE 9

EXPANSION ÉCONOMIQUE ET COMBATS D'IDÉES
1815-1870

1 CINQUANTE ANS, TROIS RÉGIMES, TROIS RÉVOLUTIONS

Après Napoléon, la **monarchie constitutionnelle** est restaurée, pour un tiers de siècle, mais non sans problèmes. Louis XVIII et Charles X, les deux frères de Louis XVI, règnent successivement pendant la Restauration.

Louis XVIII, de 1814 à 1824 (sauf le bref retour napoléonien des Cent-Jours au début de 1815)

Après un an de luttes sanglantes – la « **terreur blanche*** » (1814-1815) –, on traverse une période de **retour au calme**. Peu à peu la « France nouvelle », fidèle au souvenir du drapeau tricolore, tente de se réconcilier[1] avec la « France ancienne », celle des émigrés et de tous ceux qui, regrettant l'Ancien Régime, sont heureux de voir le drapeau blanc à fleurs de lys devenir le drapeau français.

C'est aussi une période d'**équilibre financier**. La Restauration* a eu deux autres grands mérites : elle a mené une **politique pacifique à l'extérieur**, pour rassurer les autres États d'Europe, toujours prêts à soupçonner la France de vouloir étendre ses frontières et elle a permis à la France l'**apprentissage du libéralisme politique** et du régime parlementaire. Mais seuls profitent de ces institutions les Français suffisamment riches pour avoir le droit de vote. Ils sont 100 000 sur les 32 000 000 habitants du pays.

Caricature contre Charles X, juillet 1830.
« Mais Sire, donnez donc des ordres, le sang coule et vous pouvez l'arrêter…
– Après… après… la messe. »

---

1. *se réconcilier* : se remettre d'accord après avoir été fâché.

Charles X (1824-1830)

Il monte sur le trône à la mort de son frère et renoue avec la tradition de l'Ancien Régime en se faisant sacrer roi à Reims en 1825.

Le régime n'a pas conscience des dangers que présente, pour lui, la base très étroite sur laquelle il s'appuie. En 1828-1829, des voyages en province ont montré que le roi était populaire : partout il a été acclamé, mais ceux qui l'acclament n'ont pas le droit de vote ! D'après la constitution, seuls comptent les citoyens qui forment le « pays légal[1] » ; le reste de la population n'a aucun poids politique. Or le gouvernement ultra-royaliste nommé par Charles X à partir de 1828 commet bien des fautes qui finissent par unir contre lui tous les opposants du « pays légal ». Pour les désarmer, Charles X compte sur la gloire toute neuve qu'apporte à son gouvernement la **prise d'Alger** (5 juillet 1830). Il se croit assez fort pour dissoudre[2] à nouveau la Chambre des députés – où les élections ont donné la majorité à l'opposition –, changer la loi électorale pour priver du droit de vote la plus grande partie de la bourgeoisie et supprimer pratiquement toute la liberté de la presse. Ces mesures, qui bouleversent les lois appliquées depuis la chute de Napoléon

Deux révolutions parisiennes : 1830 et 1848

En 1830

Lors des « Trois Glorieuses » (27-29 juillet 1830), des bourgeois, inquiets des atteintes faites à la liberté par les « ordonnances royales », se mêlent à des ouvriers et à des étudiants républicains, dressent des barricades et obligent Charles X à fuir.

En 1848

Deux jours d'émeute (23 et 24 février) impressionnent le successeur de Charles X, son cousin Louis-Philippe, au point de le décider à gagner, lui aussi, l'Angleterre.

Dans les deux cas, une petite minorité de Parisiens très entreprenants renverse un régime affaibli par ses maladresses. La province accepte sans peine le changement imposé par la capitale.

1. *pays légal* : ensemble des citoyens ayant le droit de vote.
2. *dissoudre* : renvoyer les députés qui cessent, par conséquent, d'avoir le droit de se réunir et de voter la loi.

sont, en plus, prises par « **ordonnances royales** », c'est-à-dire sans que l'Assemblée en ait discuté. C'en est trop. Des journalistes courageux – Carrel, Mignet, Thiers – aident à la naissance d'un soulèvement contre le gouvernement. Charles X part pour l'exil ; un de ses cousins, le duc d'Orléans, devient roi sous le nom de Louis-Philippe Ier.

La monarchie de juillet (1830-1848)

Le **drapeau tricolore** redevient le symbole national. La **liberté de la presse** est à nouveau proclamée : elle reste effective jusqu'en 1835.

Mais la Constitution, appelée « **Charte**[1] », est à peine changée. Le régime ne cherche pas vraiment à évoluer ; une partie grandissante de l'opinion publique lui reproche son immobilisme, en particulier à la fin du long **ministère Guizot** (1840-1848). En 1846-1847, de mauvaises récoltes et une crise économique rendent la vie difficile, dans les villes surtout. Une réforme électorale, qui aurait abaissé le cens et donné le droit de vote à de nouvelles couches de la bourgeoisie moyenne, aurait probablement suffi à faire taire la plupart des mécontents. Elle est proposée trop tard : en février 1848, à la surprise de tous, deux jours d'émeute[2] à Paris (23 et 24 février 1848) jettent bas la monarchie. Louis-Philippe, à son tour, part pour l'exil. Et une IIe République s'installe.

La IIe République (février 1848 – décembre 1851)

Elle dure à peine quatre ans. Dès le début, les bourgeois libéraux se trouvent en face d'une

---

La monarchie censitaire

De 1814 à 1848, le droit de vote est réservé à un très petit nombre des 32 millions de Français : environ 100 000 d'entre eux jusqu'en 1830, le double de 1830 à 1848.

Les électeurs sont les contribuables dont les impôts directs qu'ils paient à l'État dépassent le « cens », fixé à 300 F de 1814 à 1830, 200 F après.

Pour être éligible – moins d'un électeur sur cinq l'est –, le cens est de 1000 F avant 1830 et de 500 F après.

Les rédacteurs de la Charte se méfient des pauvres : ils pensent que seuls les citoyens les plus aisés peuvent comprendre les intérêts supérieurs de l'État.

---

1. *La Charte constitutionnelle* : Cette nouvelle constitution, « octroyée » en 1814 aux Français par Louis XVIII est un compromis entre les acquisitions de la Révolution et de l'Empire et les traditions de l'Ancien Régime.
2. *émeute* : soulèvement populaire.

agitation démocratique et de **revendications***
ouvrières. Les progrès de l'industrie ont commencé
et le nombre des ouvriers augmente, surtout dans
quelques villes, en particulier à Paris. **La crise
économique,** très sévère de 1846 à 1848, rend
leurs conditions de vie encore plus difficiles.
Ils attendent beaucoup de la République : dès
février 1848, on avait proclamé le **suffrage
universel*** et le **droit au travail***. En masse, les
chômeurs arrivent vers des **ateliers nationaux**
créés par l'État pour leur donner du travail et un
salaire. Mais cette politique d'aide coûte cher. Les
hommes politiques au pouvoir décident de fermer
les ateliers, alors que le chômage est toujours là.
La réponse est une terrible insurrection ouvrière
écrasée dans le sang lors des journées de juin 1848.
La IIe République est donc conservatrice.
Une nouvelle constitution entre en vigueur.
Elle partage les pouvoirs entre une Assemblée
nationale responsable du législatif et le Président
de la République chargé de l'exécutif, l'un et
l'autre élus au suffrage universel. Personne n'avait
prévu que le pays allait choisir pour **Président
de la République** le neveu de Napoléon Ier,
Louis Napoléon Bonaparte (10 décembre 1848).

Le Second Empire (1852-1870)

Par un coup d'État, le 2 décembre 1851, ce dernier
prend le pouvoir ; il devient empereur sous le nom
de **Napoléon III** et fonde le Second Empire.

Une nouvelle constitution est proposée par un
plébiscite* au pays qui l'approuve massivement.
La masse des paysans (les trois quarts de la
population alors) et beaucoup de conservateurs,
épris d'ordre et soucieux de sauver leur fortune
qu'ils croient menacée depuis les journées de juin,
ont voté pour elle. Bien des ouvriers, aussi :
Napoléon, pensent-ils, n'a pas fait tirer sur eux,
puisqu'il n'était pas alors au pouvoir. Les seuls
véritables ennemis de l'Empire sont, au début,

**1848
et la Fraternité**

Si la IIe République a
été fort courte – moins
de quatre années ! –
elle a apporté à la
devise républicaine
son troisième terme : à
la **liberté** et à l'**égalité**,
héritées de 1789, elle
ajoute la **fraternité**.
Cette solidarité entre
tous les Français doit
donner sa solidité
à l'ensemble de la
société. En particulier
grâce au **droit au
travail** : pour la
première fois, l'État
garantit à tout homme
de gagner sa vie par
son travail. Avec obli-
gation, pour l'État, de
lui en fournir un ou, à
défaut, de lui verser un
secours. C'est l'origine
des indemnités de
chômage.

quelques républicains et quelques royalistes qui reprochent au régime d'être dictatorial.

Très autoritaire, en effet, et appuyé sur une police très active, le régime devient plus libéral à partir de 1860, et même presque parlementaire au printemps 1870. Personne alors ne peut imaginer qu'il est à la veille de sa chute ; celle-ci intervient lors d'une manifestation parisienne le 4 septembre 1870. La France, en guerre contre la Prusse depuis juillet 1870, vient de connaître une série de défaites militaires, qui conduisent les Républicains à proclamer la déchéance de Napoléon III, qu'ils ne reconnaissent plus comme empereur.

2 LA FRANCE AU CŒUR DES COMBATS D'IDÉES

Le romantisme

Il marque toute la première moitié du XIXᵉ siècle. Il n'est pas né en France ; mais c'est en France qu'il s'est épanoui avec le maximum de force et de diversité. C'est là, aussi, qu'il a donné naissance aux débats les plus passionnés, en particulier contre les défenseurs des conceptions classiques de la littérature, du théâtre et de l'art.

La chance du romantisme est d'avoir compté les plus grands talents de l'époque : le fantastique, le lyrisme, l'imagination triomphent avec des poètes comme **Lamartine**, **Vigny**, **Nerval**, **Musset** et surtout **Victor Hugo**. Le roman, d'abord historique, prend un nouvel essor avec **Stendhal**, **Balzac** et encore et toujours **Hugo**. Des musiciens comme **Berlioz**, des peintres comme **Géricault** et **Delacroix**, le sculpteur **Rude**.

Le positivisme

Le positivisme est une philosophie française de l'époque ; son fondateur, **Auguste Comte** (1798-

---

La presse en liberté surveillée

Jusqu'à la grande loi de juillet 1881, les gouvernements ont volontiers utilisé des moyens multiples pour briser la liberté des journalistes dans l'espoir d'influencer l'opinion.

L'autorisation préalable subordonne toute publication périodique à une décision administrative, toujours révocable.

Le **cautionnement** exige du journal qu'il laisse en dépôt une forte somme pour payer d'éventuelles condamnations.

Le **timbre** alourdit le prix à payer pour chaque exemplaire vendu.

La **censure préalable** exige que tout texte soit approuvé par un censeur avant publication.

Enfin, jusqu'en 1840, les journaux sont fort coûteux : leur tirage est faible et ils ne sont distribués que par abonnements.

1857) place par-dessus tout la science et la raison, ce que les découvertes étonnantes et les progrès techniques immenses de l'époque paraissent justifier. De là le nom de « scientisme » donné à certaines manifestations de ce courant de pensée.

Études et théories de la société

• *Les bases de la sociologie*
La société est, à son tour, soumise à étude et théorie. Les maîtres à penser du royalisme, de Maistre et de Bonald jettent les bases de la **sociologie**, ignorant probablement qu'ils créent une science nouvelle.

• *La naissance du socialisme*
– La misère, liée au développement du « capitalisme sauvage » du début de l'ère industrielle, favorise la naissance d'**idées socialistes**. La première grande école socialiste est française : après les premiers penseurs, **Saint-Simon** (1760-1825) et **Fourier** (1772-1837), apparaissent les œuvres maîtresses de **Louis Blanc** (1811-1882), **Cabet** et **Proudhon**.

– **Marx** devait dédaigneusement, après la publication de son *Manifeste communiste* (1848), les traiter de « socialistes utopiques[1] ».
En fait, ils sont les premiers à s'être occupés des moyens de supprimer l'inégalité entre les hommes à la naissance.

– Ces mouvements d'idées, ces pensées généreuses ont trouvé un écho dans nombre de consciences féminines. Parmi ces femmes, la plus célèbre est **George Sand**.

Le héros romantique.
Jeune homme méditant sur la tristesse de sa destinée dans une sorte de cimetière éclairé par la lune. Le dessinateur n'a pas lésiné sur l'ironie...

---

1. *utopique :* impossible à réaliser.

3 UNE FRANCE EN EXPANSION

Stagnation démographique mais essor économique

• À l'époque de la Révolution et de l'Empire, la France est encore le pays le plus peuplé d'Europe après la Russie. Mais au XIXe siècle elle ne s'accroît plus guère.

• Seul grand État de l'Europe continentale à être unifié jusqu'en 1870, la France accomplit de grands progrès. À partir de 1840 et, plus encore, sous le Second Empire, elle entre dans l'ère industrielle.

Industries

Aux industries textiles, déjà très développées au début du XIXe siècle s'ajoutent, alors, l'extraction du **charbon**, la **métallurgie**, la construction de machines de toutes sortes. Les nouvelles usines choisissent de s'installer là où le charbon, unique source d'énergie à l'époque, est disponible : sur le carreau des mines, dans le Nord et le Centre, plus que dans l'Est ; dans les ports de la façade atlantique où il peut être importé facilement ; dans quelques villes, comme Lyon et Paris, bien desservies par les nouvelles voies de communication.

Transports

Le **réseau ferré**[1], inexistant encore en 1840, se dessine alors. En 1870, à la fin du Second Empire, **18 000 km** sont construits et exploités. C'est, à peu de chose près, le réseau qu'aujourd'hui la SNCF, héritière et continuatrice des compagnies privées du début, estime nécessaire et **rentable**[2] pour l'économie nationale. Le chemin de fer plus que les canaux, dont la longueur augmente pourtant,

---

Évolution démographique en France au XIXe siècle

De 32 millions en 1815, elle passe à 39 millions un siècle plus tard. Dans le même temps, le Royaume-Uni multiplie sa population par 2,5 (40 millions en 1914) ; l'Allemagne (près de 70 millions en 1914) et l'Italie (40 millions en 1914) doublent pratiquement la leur, tout en envoyant par millions des émigrants fort loin, vers les Amériques surtout. Cette **stagnation**[1] démographique relative est destinée à faire école un siècle plus tard : la diminution des naissances, que la France contemporaine est la première à avoir appliquée en grand au XIXe siècle (ce qu'on a appelé, avec un peu d'exagération, la « politique de l'enfant unique ») est, aujourd'hui, générale en Europe.

1. *stagnation :* le fait de ne plus avancer, de rester sur place. Ici : quand les morts et les naissances s'équilibrent, la population n'augmente pas.

---

1. *réseau :* ici, ensemble de voies ferrées.
2. *rentable :* qui rapporte de l'argent.

Inauguration du chemin de fer de Reims (1854).

donne à la France les moyens de liaison qui créent, dans les faits, le marché national unique. Celui-ci est rendu possible institutionnellement par l'unification née sous la Révolution.

Commerce

Le commerce intérieur est favorisé ; le commerce extérieur se développe puissamment, avec les **traités de libre-échange*** mis au point par Napoléon III. Le premier a été conclu en 1860 avec l'Angleterre, à l'époque l'État le plus développé au point de vue industriel. La concurrence étrangère oblige les chefs d'entreprises à moderniser leurs établissements sous peine de disparaître. De 1860 à 1890 environ, l'économie française progresse aussi et même parfois plus vite que celle de ses principaux concurrents.

Banque

En même temps s'installe un système bancaire de type nouveau ; de **grandes banques à succursales**[1] qui sont, encore aujourd'hui, parmi les plus importantes (le Crédit Lyonnais, la Société Générale) ont été fondées à la fin du Second Empire.

Le marché national unique

Désormais chaque région tend à se spécialiser dans les productions pour lesquelles elle est, naturellement, la plus douée ; et les voyages, jusque-là réservés à une étroite minorité de gens riches, se démocratisent.
La France a aussi « rétréci »… en temps (voir p. 61).

---

1. *succursale* : qui dépend de la banque mère.

LE COMBAT ROMANTIQUE

La première représentation d'Hernani, de Victor Hugo, le 25 février 1830.

Dans les semaines qui suivent, le public se partage en deux camps : les inconditionnels du classicisme sifflent, hurlent pendant les représentations ; en revanche, ceux qui ont été séduits par les idées nouvelles, soutiennent avec enthousiasme le drame romantique, hardiment libéré de la règle classique des trois unités.

Le romantisme dans la littérature et dans les arts

C'est le triomphe du sentiment, du lyrisme et de la véhémence. Leurs manifestations sont tout spécialement sensibles dans les domaines de la poésie, du théâtre, de la musique et des arts plastiques. Des peintres comme Géricault ou Delacroix cherchent moins à frapper par la perfection du dessin que par le mouvement et la couleur.

Louis Hector Berlioz, chef d'orchestre *(1846)*
Caricature.
D'où la présence d'un brancard et d'une trousse de secours à côté du canon-instrument de musique.

Ci-dessous :
Théodore Géricault, Le Radeau de la « Méduse » *(1819)*

SOCIÉTÉ ET ÉCONOMIE EN MUTATION

Le XIXᵉ siècle a connu une
industrialisation rapide *dont les*
progrès – comme ceux apportés par le
creusement du canal de Suez avec l'aide
d'engins mécaniques – sont payés d'une
réelle misère des classes populaires
entassées dans les villes.
Comment remédier à ce « paupérisme » ?

Les socialistes après 1840 préconisent
de mettre fin à la société bourgeoise.
Avant eux, des penseurs originaux
comme **Saint-Simon** (1760-1825)
ou **Fourier** (1772-1837) proposent
des solutions qui peuvent nous
sembler étranges aujourd'hui.

Ainsi les saint-simoniens, disciples
enthousiastes du maître, ont-ils créé
à Ménilmontant, tout près de Paris,
une maison dont tous les pensionnaires,
travaillant en commun, appliquent en
permanence l'entraide volontaire…
même pour passer leur gilet lacé dans
le dos !

La fête de la Fraternité, avril 1848.

Occupations journalières des saints-simoniens.

Ci-dessous :
Canal de Suez
Travail des dragues et des élévateurs sur le canal maritime à Kantara. 1869.

Dans le domaine des sciences, la première moitié du XIXe siècle voit se poursuivre et s'accentuer les grands progrès amorcés au XVIIIe siècle.
La raison et l'expérimentation triomphent d'autant plus qu'à partir de 1820 environ, les barrières qui séparaient sciences théoriques et sciences expérimentales achèvent de tomber.
Sont particulièrement remarquables les progrès de la thermodynamique (**Carnot**), du magnétisme et de l'électricité (**Ampère**), de la chimie (**Chevreul**), de la physiologie (**Claude Bernard**) et de la médecine (**Laënnec, Pasteur**).

CHAPITRE 10

DANS LA MÊLÉE DES PUISSANCES
1871–1945

1 UNE HISTOIRE INTÉRIEURE RICHE D'ÉVÉNEMENTS

La guerre franco-allemande de 1870-1871

Terminée par le traité de Francfort, elle n'a affaibli ni la force démographique, ni la force économique de la France : guerre courte – six mois –, elle n'a entraîné que des pertes matérielles limitées, même en tenant compte de l'indemnité de guerre – 5 milliards de francs-or – exigée par l'Allemagne. Plus grave est la mesure imposée par Bismarck victorieux à la France vaincue : l'Alsace-Lorraine devient allemande. Cette annexion est une terrible blessure pour la France. Moralement, politiquement, toute vraie réconciliation franco-allemande est rendue impossible.

Reconstruction du pays

Le premier soin du gouvernement, qui a reçu le lourd héritage de Napoléon III, a été de reconstruire le pays. Tâche difficile, car les Français ne sont pas tous d'accord en 1871 sur le régime qui doit remplacer l'Empire.

Majoritaires, mais divisés dans l'Assemblée nationale élue au lendemain de la défaite pour mette fin à la guerre, les royalistes laissent échapper l'occasion de restaurer la monarchie.

Principal homme politique du moment, **Thiers** (1797-1877) est, avant tout, attaché à protéger l'ordre social. Sa première tâche est d'écraser le mouvement insurrectionnel de la **Commune*** de **Paris** (mars-mai 1871). Il s'agit d'un mouvement

---

1870-1871 : « la guerre la plus stupide de notre histoire » (A. Plessis)

Son origine immédiate est une fausse manœuvre de la diplomatie française. À la nouvelle que Léopold de Hohenzollern était candidat au trône d'Espagne, alors vacant, une large fraction de l'opinion avait pris peur. La France ne risquait-elle pas de se trouver prise en tenaille puisque sur le Rhin la Prusse avait aussi un roi Hohenzollern, cousin de Léopold – comme elle l'avait été par les Habsbourg à l'époque de François 1er et de Charles Quint. Sur l'impression, fausse, que l'ambassadeur français en Prusse avait été humilié, la France a déclaré la guerre à celle-ci, soudant toute l'Allemagne contre elle.

à la fois patriotique et favorable à l'établissement d'une république très démocratique, ouverte à de profondes réformes sociales : celles-ci risquaient de toucher aux bases du pouvoir politique de la bourgeoisie.

Royaliste de tendance, Thiers défend la République, pourvu qu'elle soit conservatrice : toute restauration monarchique lui apparaît impossible à cause de la division des royalistes et du peu d'habileté du prétendant à la couronne.

Fondation de la IIIᵉ République (1875-1940)

Les lois constitutionnelles de 1875 fondent la IIIᵉ République : elles lui donnent un **régime parlementaire***.

Le principal défaut du système est qu'il ne tarde pas à favoriser l'émiettement des partis politiques, et à rendre ainsi très fragiles les majorités parlementaires, ce qui multiplie les crises gouvernementales. Malgré cela, la France est, dans l'ensemble, correctement gouvernée jusqu'en 1914. Cela ne va pas sans difficultés ni crises. Les conservateurs de tendance monarchiste sont restés socialement très forts : les organes principaux de la République ne sont conquis par les républicains que peu à peu, de 1876 à 1879.

Le souvenir de la Commune de 1871.

La photo a été prise en mai 1936, au début du Front populaire.
Les partis de gauche se sont alliés, avec l'espoir de l'emporter aux élections générales et de pouvoir former un gouvernement. Les dirigeants socialistes, communistes et radicaux viennent honorer, devant le mur des Fédérés au cimetière du Père-Lachaise, à Paris, la mémoire des grands ancêtres malheureux dont certains survivants figurent au 1ᵉʳ rang. Noter la présence de femmes, alors encore privées du droit de vote.

Pour asseoir plus fermement l'idée républicaine dans la masse de la population, la IIIe République conçoit et applique une politique scolaire dont l'artisan le plus connu est **Jules Ferry**, principal ministre de 1880 à 1885.

La droite conservatrice, devenue très nationaliste après 1885, met en péril le régime républicain au cours de deux crises graves.

En **1886-1889**, elle pousse en avant un général populaire, **Boulanger**, qu'elle présente comme le « général Revanche » contre l'Allemagne. Mais ce mouvement « boulangiste », mal organisé, tombe dès 1889, l'année-même où est célébré le centième anniversaire de la Révolution.

Dix ans plus tard, **l'affaire Dreyfus**, un officier juif accusé injustement de trahison au profit de l'Allemagne (**1894-1899**), unit de nouveau les ennemis de la République.

GOSSES D'ALSACE.

Le souvenir des « provinces perdues ».

« On attend le "Chénéral" ».
Le patriotisme français s'est nourri contre l'Allemagne des rancœurs provoquées par l'annexion de l'Alsace-Lorraine au nouvel Empire allemand, proclamé à Versailles en janvier 1871, alors que la France s'apprête à reconnaître sa défaite.

Le dessinateur alsacien Hansi compte parmi ceux qui ont œuvré à maintenir vivant le souvenir des deux provinces appelées à rejoindre la « mère patrie ».
Cathédrale de Strasbourg, uniforme et drapeau français à l'appui…

Droite contre gauche

L'affaire a mis en danger la République. Pour la sauver, les partis de la gauche se sont groupés. La lutte de la gauche contre la droite avait paru s'apaiser. Elle reprend aux élections de 1899 et aux suivantes.

La gauche, renforcée des partis de tendance radicale* et même des partis socialistes, l'emporte régulièrement jusqu'en 1914. Elle en profite pour pratiquer une vigoureuse politique anticléricale (contre l'Église) : en **1905, la Loi de séparation de l'Église et de l'État** met fin au régime privilégié dont bénéficiait l'Église catholique depuis le Concordat de 1801.

2 FRANCE PIONNIÈRE ET FRANCE RENTIÈRE

À la fin du xixe siècle, les États européens riches en charbon, comme l'Angleterre, l'Allemagne et, un peu plus tard, la Russie, développent leur économie plus rapidement que la France, qui manque de ce combustible, alors considéré comme le « pain de l'industrie », plus encore que ne l'est le pétrole de nos jours.

La France, grande puissance économique et financière

Dans certains **domaines d'avant-garde**, comme les produits radioactifs, la radio, l'électricité, l'électro-métallurgie, l'automobile, l'aviation, elle joue même le **rôle de pionnier**. Ralentie lors de la « grande dépression mondiale » de 1873 à 1896, sa croissance reprend avec force au début du xxe siècle. Elle est alors plus rapide même que celles de ses voisins, dont elle entreprend de rattraper l'avance.

Les Français se sont aussi préoccupés d'améliorer l'équipement du pays ; le réseau ferré a presque triplé en longueur de 1871 à 1914, allant même au-delà des besoins économiques du moment. La plus grande partie des lignes d'intérêt local créées alors n'est pas rentable ; des aides, très coûteuses pour le budget, leur sont données. Le point jugé alors le plus fort de la France est sa puissance financière.

La nouvelle conquête de la femme.
Deux hardies – et alors fort rares ! – sportives en promenade au Bois de Boulogne à Paris, aux commandes d'un « vis-à-vis » de Dion, en 1900. Le volant n'a toujours pas supplanté le guidon-gouvernail.

Dans ce domaine, elle se place immédiatement après l'Angleterre, devant l'Allemagne et même, longtemps, devant les États-Unis. L'épargne française, placée en grande partie à l'étranger, notamment en Russie (les **emprunts russes**) et en Europe balkanique, augmente de 3 à 4 milliards de francs-or chaque année. Cette exportation de capitaux est bien vue des rentiers (ceux qui vivent de leurs rentes, c'est-à-dire des revenus de leur argent). Mais personne à l'époque ne se rend compte des dangers de cette situation : l'argent exporté manque pour le développement national. Qu'arriverait-il à ces investissements lointains en cas de révolution dans les pays où ils ont été faits ?

Retards et progrès sociaux

La société se transforme : moins par le nombre, car la **faible natalité** ne permet plus à la population de croître dans les villes, que par l'**exode rural**. Les campagnes envoient le trop-plein de leur population vers les villes. Toutefois ce mouvement est beaucoup plus lent que dans le reste de l'Europe industrielle : en 1914 encore, plus de la moitié des Français sont des ruraux, et seules, Paris, Lyon et Marseille sont des « villes million-naires » (proches de 1 million d'habitants ou plus).

Cependant, l'état sanitaire de la population s'améliore lentement avec les **progrès de la médecine**, devenus importants grâce aux découvertes de **Pasteur** et de ses élèves. Mais la tuberculose continue à faire des ravages, surtout dans les villes aux quartiers insalubres.

Les lois sociales appliquées en France ne sont pas parmi les plus avancées d'Europe, alors que l'Allemagne depuis Bismarck (dès 1885) et l'Angleterre de Lloyd George (depuis 1906) se montrent beaucoup plus généreuses. Le débat politique a occupé toutes les forces des partis qui, faute de temps ou de volonté, ont laissé de côté cet aspect essentiel.

Pourquoi tant de souscripteurs d'emprunts russes en France ?

La plupart des Français doivent épargner afin de constituer des économies pour leurs vieux jours, très peu d'entre eux ayant droit à une retraite.

La grande dépression qui frappe l'économie mondiale entre 1873 et 1896 rend aléatoires les investissements en actions (elles ne rapportent un dividende que si la société a fait des bénéfices, ce qui devient exceptionnel). Les valeurs à revenu fixe – fonds d'État et obligations – rapportent un intérêt constant, très intéressant car la monnaie et les prix à l'époque sont stables. Beaucoup d'États étrangers, la Russie en particulier, attirent les capitaux en offrant des taux sensiblement plus élevés que la France.

CONTRASTES ÉCONOMIQUES EN FRANCE
DANS LA SECONDE MOITIÉ DU XIXe s.

Ces puits des houillères du Creusot, en 1865, n'ont rien à envier à ce qui se fait alors de plus moderne.

Au contraire, la *Paie des moissonneurs* (tableau de Lhermitte, 1882) montre un monde rural aux techniques restées peu différentes de celles des siècles précédents.

3 L'EXPANSION COLONIALE

La IIIᵉ République a créé le plus grand empire colonial que la France ait jamais eu. Le coup d'envoi décisif dans ce domaine a été fourni par **Jules Ferry** entre 1881 et 1885. Par l'étendue et la population de son empire, en 1914, seul le Royaume-Uni fait alors mieux.

Après dix ans de calme, qui suivent la défaite de 1871, des Français, bientôt appuyés par leur gouvernement, ont exploré de vastes régions jusque-là peu ou pas connues, en Afrique surtout, mais aussi en Asie du Sud-Est.

Au début du xxᵉ siècle, le domaine colonial français couvre une superficie seize fois plus étendue que la métropole (la France) et une fois et demie plus peuplée.

Cet empire, la France n'en tire encore qu'un bénéfice modeste, mais il excite la jalousie d'États territorialement moins bien pourvus, comme l'Allemagne.

L'empire colonial.
Concrétisant l'expansion*
française il est,
pour l'essentiel, situé
en Afrique : Afrique
Équatoriale Française
(A.E.F.), Afrique
Occidentale Française
(A.O.F.) et en Indochine.

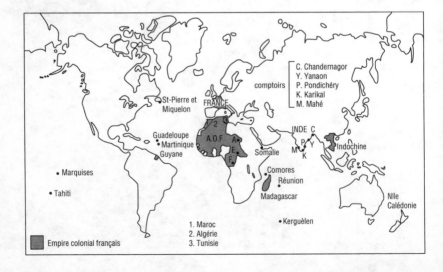

4 DANS LE CONCERT DES GRANDES PUISSANCES

La France est parmi les « grands » de l'époque. Sa principale préoccupation a été, dès le lendemain de sa défaite de 1871, de trouver le moyen d'équilibrer la force de sa grande voisine, jugée inévitablement ennemie, l'Allemagne.

Pendant vingt ans, **Bismarck** est parvenu à **isoler la France**. Jusqu'à son renvoi, en 1890, par l'empereur Guillaume II, nouvellement monté sur le trône d'Allemagne, Bismarck entretient d'excellentes relations avec tous les grands États, ce qui empêche la France d'avoir aucun allié. Si, pense-t-il justement, elle commet la folie de tenter de prendre sa revanche, elle ne pourra qu'être battue.

Mais ce « système bismarckien » disparaît avec le renvoi de son auteur. De 1890 à 1914, Guillaume II maintient bien le bloc hérité de Bismarck : l'Autriche, l'Allemagne et l'Italie unies dans la Triple Alliance. Il ne peut empêcher la France de s'allier d'abord avec la Russie (1893), puis en 1904 de se rapprocher de l'Angleterre, inquiète des ambitions navales de l'Allemagne. Cette **Triple-Entente** équilibre la **Triple-Alliance**. France et Allemagne s'affrontent de plus en plus durement entre 1905 et 1914, mais sans vraiment mettre en danger la paix… jusqu'à l'assassinat, à **Sarajevo**, le 28 juin 1914, de l'archiduc François-Ferdinand de Habsbourg, héritier du trône d'Autriche-Hongrie. Cet attentat est la cause immédiate de la Première Guerre mondiale.

Bloc contre Bloc

On pensait à l'époque que **Triple-Alliance** et **Triple-Entente**, d'un poids équivalent, donneraient, par là, une nouvelle garantie au maintien de la paix. Car les engagements contractés par chaque puissance envers ses alliés sont strictement défensifs. Si d'aventure un État commettait la folie d'attaquer un État du bloc opposé, il risquait fort de rester isolé, sans aucune aide des alliés. À moins que ces mêmes alliés n'en jugent différemment et décident d'appuyer l'agresseur, mettant en marche la machine infernale. Comme en 1914…

5 LE DRAME DE LA « GRANDE GUERRE » (14-18)

Déclarée par l'Allemagne à la France, le 3 août 1914, la guerre que chacun croit, alors, devoir être courte, durera plus de quatre ans.

Le 11 novembre 1918, l'armistice* met fin aux combats. Ils ont coûté la vie à 10 millions d'hommes, dont 1 400 000 Français.

La **paix de Versailles** (28 juin 1919) rend l'Alsace-Lorraine à la France, réduit les capacités militaires allemandes et oblige l'Allemagne à payer des réparations pour les destructions qu'elle a causées. La carte de l'Europe est transformée par les autres traités de paix de 1919-1923. La France devient la première puissance politique et militaire du continent européen. Pour combien de temps ? Et à quel prix !

Quatre années d'enfer.

L'enthousiasme qui accompagne – ici, à Paris – le départ des mobilisés et de l'armée vers la frontière en août 1914 (il est le même dans tous les pays) eut-il été aussi grand si l'on avait alors imaginé le tragique bilan final dans chaque village de France en 1919-1920 ?

LA DÉMOCRATIE LIBÉRALE EN DIFFICULTÉ

Fonder le progrès de la législation sur le vote majoritaire d'assemblées élues, après que tous les aspects aient fait l'objet d'un vif débat, était devenu la ligne directrice de la démocratie libérale. Le triomphe de celle-ci paraissait devoir être conforté et élargi par la victoire des Alliés. Les principaux États n'étaient-ils pas considérés comme des démocraties modèles par leur libéralisme ? Pourtant, la démocratie n'a pas tardé à se trouver ardemment contestée, combattue, rejetée.

En Russie d'abord, où Lénine et ses amis du **parti bolchevik** (bientôt appelé communiste) installent une **dictature du prolétariat** présentée comme l'antichambre d'une vraie démocratie libérée de la lutte des classes et du « crétinisme parlementaire ». Il ne reste aux opposants que le mutisme, l'exil, la prison ou la mort.

Ailleurs en Europe, des **partis ultranationalistes** tirent leur succès, parfois foudroyant, des déceptions nées de la guerre : tant d'épreuves subies pour quel résultat ? Les partis traditionnels, s'adressent à la raison. Leur crédibilité est ébranlée par la fougue de meneurs de foules capables d'échauffer les passions de vastes auditoires populaires, sensibles à la proposition de solutions présentées comme radicales et définitives. Ils s'appuient sur des militants dévoués,

souvent dotés de signes de ralliement (chemise noire, faisceau du licteur, salut et bras tendu chez les **fascistes en Italie** ; chemise brune et brassard rouge avec croix gammée noire sur rond blanc chez les **nationaux-socialistes** [nazis] **en Allemagne**...).
Inlassable, la **propagande** devient univoque dès que le parti arrive au pouvoir (1922 – Mussolini en Italie, 1933 – Hitler en Allemagne) et muselle toute presse d'opposition.

Des formules expéditives analogues triomphent dès le milieu des années 20 au **Portugal** (Salazar), en **Espagne** (Primo de Rivera). Mais la foi dans la liberté peut aussi conduire à la révolte contre ceux qui la brisent et provoquer de terribles crises : la république espagnole, proclamée en 1931, est renversée après une effroyable guerre civile de trois ans (1936-1939) par le général Franco aidé de l'Italie fasciste et de l'Allemagne nazie.

Bien d'autres États européens voient naître et prospérer des partis d'extrême droite aux assises largement populaires : en Belgique, en Scandinavie, en Grèce et même en France et au Royaume-Uni. Dans ces deux derniers États, l'enracinement des habitudes libérales, du pluralisme de la presse, du parlementarisme, ont empêché la démagogie populiste* d'admirateurs de Mussolini et Hitler de mettre vraiment en péril les institutions.

6 LES ILLUSIONS DE LA PAIX

Revenir à la vie normale de l'avant-guerre est le grand désir des Français et des Européens après 1919. Cela explique les espoirs immenses d'une paix que beaucoup croient désormais assurée par l'institution nouvelle de la **Société des Nations (S.D.N.)**, créée sur l'idée du président des États-Unis, Wilson. Mais la S.D.N. n'atteint pas les buts qu'elle s'était donnés : son fonctionnement ne donne satisfaction que de 1924 à 1930.

La réconciliation franco-allemande, recherchée par le Français **Briand** et l'Allemand **Stresemann**, chargés des Affaires étrangères dans leurs pays respectifs, paraît même s'établir entre 1926 et 1930.

La France compte sur les réparations promises par l'Allemagne pour payer la reconstruction de son économie appauvrie par la guerre et les dettes qu'elle a dû faire entre 1914 et 1918 envers les États-Unis. Sa monnaie s'est affaiblie : en 1926, elle ne vaut plus que le cinquième de ce qu'elle valait en 1914. Comme le pays a craint une chute encore plus terrible, il fait de **Poincaré**, qui a réussi à stabiliser la monnaie en 1926-1928, le sauveur du franc. La prospérité revenue, après la reconstruction, encourage la croissance économique, très forte durant ce qu'on a appelé les « années folles » (1925-1930).

La **crise économique** montre bientôt la fragilité de toutes ces espérances.

Le **Krach de Wall Street (24 octobre 1929)** plonge les États-Unis dans la crise et, immédiatement après, l'Europe. En France, commence une période d'instabilité politique. À noter toutefois qu'à partir de 1928, des lois sociales sont votées (assurances sociales obligatoires le 5 avril 1928, gratuité de l'enseignement secondaire le 16 avril).

Les deux « pères » des accords de Locarno, 1925.
Briand (à gauche) et Stresemann (à droite). La France, à l'époque, n'a sur l'Allemagne qu'une supériorité née de sa victoire dans le camp allié. Avantage très temporaire face à trois atouts allemands durables : 25 millions d'habitants en plus, des naissances supérieures d'un tiers et une puissance économique double. Briand estime que l'intérêt de la France est de régler pendant qu'elle est forte tous les litiges, notamment celui de sa frontière. L'offre de reconnaître définitivement celle-ci – qui consiste à abandonner toute revendication sur l'Alsace-Lorraine – est venue de Stresemann.

7 VERS LES DÉSASTRES DE LA 2e GUERRE MONDIALE

En Allemagne, le régime républicain tombe. Chef du parti nazi, **Hitler** arrive au pouvoir (30 janvier **1933**). Il fait de la remilitarisation de l'Allemagne et de la revanche sur la France les thèmes essentiels de sa propagande*.
Sa terrible dictature donne en cinq ans à l'Allemagne la force de déchirer l'un après l'autre les engagements qu'elle avait pris. Hitler écrase tous ses ennemis intérieurs ; il commence à réarmer dès 1935.

Paris-Soir
du 16 mars 1939.
Six mois après les accords
de Munich, qui avaient
abandonné à Hitler
la région des Sudètes peuplée
d'Allemands, mais garanti
l'existence de la Tchécoslova-
quie mutilée, Hitler met la
main sur des territoires qui
ne sont en rien germaniques.
Application d'un
programme auquel la
plupart des Européens
avaient refusé de croire.
Le pas suivant, en Pologne,
a fait basculer l'Europe dans
la Seconde Guerre mondiale.

En France, en 1936, après des élections agitées, le **Front Populaire** triomphe. Léon Blum (1872-1950) forme le premier gouvernement socialiste qu'ait eu la France. La **semaine de travail** est fixée à **quarante heures** ; deux semaines de congés payés sont accordés aux salariés. Mais Léon Blum démissionne, le 21 juin 1937.

Face à l'Allemagne nazie, la France hésite entre deux attitudes : la dureté ou l'ouverture ! L'Angleterre ne lui apporte son appui que très tardivement.

En **1938-1939**, Hitler fait disparaître la **Tchécoslovaquie** que la France, son alliée, avait pourtant promis de défendre. La France et l'Angleterre n'arrivent pas à conclure avec l'U.R.S.S. une alliance qui, alors, aurait pu arrêter l'ambition de Hitler. Celui-ci, à la surprise de tous, signe avec Staline le **pacte germano-soviétique***(**23 août 1939**). Or, entre les deux États, Allemagne et U.R.S.S., se trouve la Pologne, dont Hitler ne cache pas qu'il veut annexer* la moitié occidentale.

Le 1er septembre 1939, l'armée allemande attaque les Polonais ; aussitôt la France et l'Angleterre, qui ont donné leur garantie à la Pologne, déclarent la guerre à l'Allemagne. La Deuxième Guerre mondiale commence en Europe.

8 LA GUERRE

Cette guerre est cruelle pour la France. Beaucoup mieux organisées que celles de la France, les forces blindées et aériennes allemandes, après avoir triomphé en Pologne, au Danemark et en Norvège, écrasé la Hollande et la Belgique, détruisent l'armée française en six semaines (mai-juin 1940). L'Italie de Mussolini déclare la guerre à son tour, le 10 juin 1940, à la France et à l'Angleterre.

La IIIe République ne survit pas à ce malheur. Glorieux soldat de la Première Guerre mondiale, le maréchal **Pétain** devient le chef contesté d'un État très réduit, avec **Vichy** pour capitale. Les deux tiers du territoire national sont occupés par l'Allemagne, mais non l'empire colonial. Quelques Français décident de résister à l'ennemi, encouragés par **l'appel du 18 juin 1940** lancé par radio depuis Londres par le **général de Gaulle**.

La guerre se prolonge. L'Allemagne est tenue en échec dans la bataille d'Angleterre pendant l'été 1940 ; puis, après avoir mis la main sur tous les Balkans, elle s'enlise en Russie à partir de juin 1941. Ses premières victoires sont suivies de graves défaites : à Stalingrad et en Afrique du Nord en 1942-1943, puis d'un assaut allié en Italie.

Deux **débarquements alliés** sur les côtes françaises en juin puis août **1944** libèrent le pays : l'armée française y a participé aux côtés des armées anglo-américaines. Celles-ci ont bénéficié, aussi, des nombreux renseignements sur l'ennemi fournis par les **réseaux de résistance intérieure** et les **maquis**.

En mai **1945**, c'est la victoire sur l'Allemagne nazie ; en septembre, la victoire des Américains sur le Japon, allié de l'Allemagne, après la destruction d'Hiroshima par la première bombe atomique (6 août 1945).

La France est donc dans le camp des vainqueurs.

La devise du gouvernement de Vichy.
« L'État français » n'a pas voulu garder celle de la République : Liberté - Égalité - Fraternité. Il manifeste ainsi sa méfiance à l'égard de la tradition démocratique.

Mais son économie, encore plus durement touchée qu'en 1918, est exsangue.

La vitalité française, terriblement frappée par deux fois en un quart de siècle de distance (1 400 000 morts et autant de blessés et mutilés en 1914-1918, presque la moitié de ce chiffre en 1939-1945), paraît peu capable d'effacer, avant longtemps, les traces de pareils malheurs.

1940-1944
La France éclatée

En France, le gouvernement signataire de l'armistice avec l'Allemagne et l'Italie temporairement victorieuses, s'installe à Vichy, avec, à sa tête, le maréchal Pétain proclamé « chef de l'État ».

La République a été abolie, et un « État français » lui a été substitué.

À Londres, d'où il dirige la « France libre », le général de Gaulle appelle à la résistance au « régime de Vichy », accusé de faire le jeu de l'ennemi. Très faible au départ, de Gaulle voit sa crédibilité devenir considérable avec les victoires qui permettent aux Alliés de libérer l'Empire colonial, prélude à la libération de la France continentale. Quatre ans après le désastre de 1940, le 26 août 1944, de Gaulle défile sur les Champs-Elysées.

La libération de Paris.
De Gaulle, le général Kœnig et des résistants à l'arc de Triomphe de l'Étoile.

ART ET LITTÉRATURE À LA CHARNIÈRE DE DEUX SIÈCLES

En peinture, de nombreuses écoles explorent de nouvelles voies : paysagistes (**Corot**, **Courbet**), impressionnistes (**Manet**, **Monet**, **Cézanne**), nabis (**Denis**, **Vuillard**), fauves et cubistes (**Matisse**, **Braque**). **La photographie** se développe.

Le cinéma apparaît et devient très vite une distraction populaire.

En musique, des compositeurs comme **Fauré**, **Franck**, **Debussy**, **Ravel** renouvellent les genres mais par ailleurs les Français font connaissance avec des créations musicales et chorégraphiques étrangères : musique et ballets russes, « negro spirituals », jazz.

En littérature, en réaction contre le romantisme, le roman devient « naturaliste » (**Flaubert**, **Zola**, **Maupassant**). Après 1900, l'œuvre immense

E. Vuillard,
Femme âgée examinant son ouvrage, 1893.

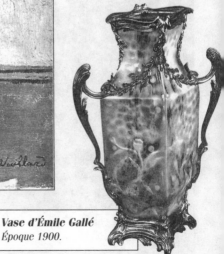

Vase d'Émile Gallé
Époque 1900.

de **Marcel Proust** sera une des origines de la prose contemporaine.

Les poètes symbolistes de la fin du siècle (**Baudelaire**, **Verlaine**, **Rimbaud**, **Mallarmé**) s'interrogent sur la création elle-même et sur la façon de traduire dans leurs œuvres les complexités de l'âme. Après la Première Guerre mondiale, la poésie fait sa révolution avec la parution des œuvres des surréalistes (**Breton**, **Éluard**, **Aragon**, **Desnos**, **Prévert**).

À droite : ***Autoportrait de Charles Baudelaire***

Ci-dessous : ***Affiche du cinéma Lumière,*** *l'arroseur arrosé*

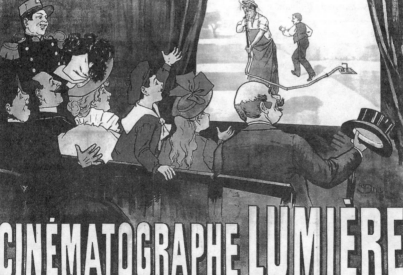

CINÉMATOGRAPHE LUMIÈRE

LES TECHNIQUES
DU SIÈCLE NOUVEAU

Depuis le début de la seconde moitié du
XIXe siècle, un nouveau matériau, le fer
et ses variantes, la fonte et l'acier, est à
la disposition des architectes et
ingénieurs. Leur ambition est d'en
démontrer la grande diversité d'emploi :
tour de force technique, la **tour Eiffel**,
« clou » de l'exposition internationale
de 1889, entrées de métro aux courbes
florales de **Guimard** (1867-1942).

*Entrée de la station de métro George V
à Paris, œuvre de Guimard.*

La grande nouveauté est la révolution de l'énergie. Au charbon, « pain de l'industrie » depuis le XVIIIe siècle, s'ajoutent désormais le **pétrole**, providence de l'automobile naissante, et l'**électricité**. Lors de l'exposition de 1900, tout un pavillon est consacré à cette « fée ».

Dans son sillage apparaît l'électro-métallurgie, dont l'**aluminium** est le premier bénéficiaire. Sans lui, pas d'aviation…

Exposition universelle de 1900.

À gauche :
Le palais de l'électricité.

Ci-dessous : La tour Eiffel et le champ de Mars.

CHAPITRE 11

VERS LA FRANCE D'AUJOURD'HUI

1 DEUX RÉPUBLIQUES AUX MÉRITES DIFFÉRENTS

**La IVᵉ République (1946-1958) :
reconstruction dans l'instabilité**

• *Un départ difficile*

Quand s'achève la guerre, à peu près personne
en France ne souhaite revenir aux institutions
politiques de l'avant-guerre, jugées responsables
de la défaite de 1940.

En raison de leur rôle dans la Résistance pendant
l'occupation ennemie, les **partis de gauche**
sont, alors, **très influents**, en particulier les
communistes, qui rassemblent près de trente pour
cent des votes. Chef du gouvernement provisoire
de la République française, le général de Gaulle
est partisan d'un régime à pouvoir exécutif fort,
dont ne veut pas la gauche. Plutôt que de céder,
de Gaulle démissionne (janvier **1946**). Consulté
par référendum*, le pays finit par choisir une
constitution qui ressemble beaucoup à celle
de la IIIᵉ République, pourtant condamnée.

• *Trois graves défauts*

D'abord l'**instabilité des gouvernements** menacés
par deux oppositions fort différentes, celle des
communistes et celle des gaullistes. Ensemble,
elles peuvent rassembler la moitié des voix.
Gouverner avec le reste est fort difficile. Même
les gouvernements les plus populaires, ceux dirigés
par **Pinay** en 1952, et **Mendès France**, l'année
suivante, ont duré moins d'un an !

Ensuite, des **difficultés financières**. Affaibli par la guerre et les dépenses de la reconstruction, le franc n'est stabilisé qu'en 1952, au centième de sa valeur de 1914 et après avoir perdu les quatre cinquièmes de celle qui lui restait à la veille de la Seconde Guerre mondiale. Faute d'équilibre budgétaire, la France doit emprunter, en particulier aux États-Unis, ce qui limite son indépendance.

En troisième lieu, la décolonisation aboutit à une **crise de régime**. Pacifique et sans trop de problèmes pour toute l'Afrique Noire, le Maroc et la Tunisie, elle ne se réalise qu'après huit ans de guerre en Indochine (1946-54) et autant en Algérie (1954-1962).

La IVe République tuée par la guerre d'Algérie

Administrativement, l'Algérie est formée de trois départements analogues à ceux de la métropole et un million d'habitants sur dix est Français. Impossible de les abandonner, estime-t-on en France quand, en novembre 1954, commence un soulèvement nationaliste localisé qui va s'étendre progressivement à toute l'Algérie.

Financièrement et humainement coûteuse, cette guerre est, politiquement et moralement, une cause de division. Un gouvernement peut-il s'abaisser à négocier avec des « rebelles » ou voir en eux les combattants d'un futur État indépendant ? Ne croire qu'en la force ou tenter la diplomatie ?

Alors que la guerre dure depuis près de quatre ans, une sorte de coup d'État militaire, à Alger, provoque la chute de la IVe République. Pour trouver une solution à la crise, le dernier président de la IVe République fait **appel à de Gaulle**. La guerre d'Algérie ne se terminera qu'au mois de juillet **1962** (**accords d'Évian**), avec la proclamation de l'indépendance de ce pays.

Les guerres de décolonisation

En **Indochine** (1946-1959) et en **Algérie** (1954-1962), elles ont duré chaque fois huit ans et conduit ces colonies à l'indépendance dans la douleur. L'opinion française s'est crispée sur l'idée que, sans colonies, c'en était fini de la grandeur mondiale de la France. Comme l'a montré Jacques Marseille dans *Histoire d'un divorce*, les milieux d'affaires, mieux avisés, ont commencé à se retirer des territoires lointains dès l'entre-deux-guerres, à l'époque où la presse célébrait avec enthousiasme « l'empire » (exposition coloniale de 1931). Ils ont été aussitôt remplacés par des investissements publics que l'État hasarde pour manifester sa détermination. Les capitaux privés rapatriés trouvent, eux, plus de profit à s'employer dans la métropole et dans l'Europe, où se dessine le Marché commun.

Des mérites trop souvent oubliés

La IVe République, dans sa courte existence, a beaucoup réalisé.

Politiquement, elle a réhabitué les Français à la démocratie parlementaire bâillonnée de 1940 à 1944 et apaisé les déchirements de cette période.

Économiquement, elle a hardiment innové. Ses dirigeants veulent sortir la France du déclin où elle s'enlisait depuis le début des années 30. Pour y parvenir, ils donnent à l'État des moyens nouveaux : **nationalisation*** de secteurs qui passent sous son contrôle total ou partiel (chemins de fer, grandes banques et compagnies d'assurance, énergie, aéronautique voire automobile).

Une **planification* souple** fixe les choix successifs et mobilise les moyens financiers et techniques nécessaires. Ainsi la France se modernise-t-elle très vite : houillères, grands barrages, électrification de ses voies ferrées, sidérurgie performante. Dès 1952, les chiffres de production de 1929, les plus élevés jamais atteints auparavant, sont dépassés, et l'essor a continué ensuite.

Vis-à-vis de l'extérieur, surtout, la France cesse de se montrer méfiante et craintive. Elle garde d'excellents rapports avec les États-Unis, dont la majorité de l'opinion apprécie la protection dans le cadre du Pacte Atlantique et de l'OTAN, tout au long de la « Guerre froide* » (1948-62). Mais elle fait preuve d'initiative en proposant des solutions pratiques à l'Union de l'Europe de l'Ouest.

La Ve République depuis 1958 : continuité et alternance

• *Continuité globale*

Lors de la crise de mai 58, de Gaulle a accepté de devenir le chef du dernier gouvernement de la IVe République pour créer un régime nouveau, en accord avec les idées qu'il n'a cessé de défendre depuis qu'il a démissionné en janvier 1946.

Deux « pères » français de l'Europe unie

Inspiré par Jean Monnet (père du premier plan de reconstruction de l'économie), le ministre Robert Schuman lance l'idée, en 1950, de créer une Communauté Européenne Charbon-Acier (CECA), créée en 1952, puis d'un Euratom et d'une Communauté Économique Européenne (CEE) ou Marché Commun, en 1957. L'Union Européenne (UE) actuelle en est la descendante directe, très élargie.

Une nouvelle constitution, approuvée massivement par le pays, consulté par référendum, crée un **exécutif très fort**, et donne un simple rôle de contrôle au Parlement. La loi électorale adoptée favorise la formation de majorités stables.

Contrairement à la IVᵉ République, la Vᵉ République n'a eu que peu de chefs de gouvernement (appelés désormais Premiers ministres).

L'un d'eux, **Georges Pompidou**, succède à de Gaulle quand celui-ci, mis en minorité dans un référendum, démissionne (1969). Pompidou, mort en 1974, a pour successeur un de ses ministres, qui l'avait été aussi sous de Gaulle, **Valéry Giscard d'Estaing**. Continuité remarquable qui contraste avec l'instabilité du régime précédent.

• *Alternance depuis 1981*

L'élection à la présidence de la République du socialiste **François Mitterrand** resté en charge de 1981 à 1995, entraîne une première alternance. Elle prouve que le régime fonctionne parfaitement avec des majorités différentes. Ce qui est confirmé, en 1995, quand de nouveau un gaulliste, **Jacques Chirac**, est élu à la présidence de la République.

2 LA FRANCE DES « TRENTE GLORIEUSES »

Une vitalité retrouvée

La France, à la veille de la Deuxième Guerre mondiale, a l'allure d'un pays ridé, vieilli : sa population stagne, et même, chaque année, le nombre de morts l'emporte sur celui des

Mai 1968.

Pendant quelques semaines, au printemps 1968, une contestation puissante s'est dressée contre de Gaulle, en particulier dans les milieux universitaires parisiens. Les étudiants aux Beaux-Arts s'en sont donné à cœur joie dans leurs critiques sous forme d'affiches improvisées contre toute la classe politique de l'époque. Après un flottement de plusieurs jours, le gouvernement a repris la situation en mains.

naissances. Seules les naturalisations*, largement accordées aux étrangers venus s'établir sur le sol français, cachent le problème démographique, sans empêcher l'âge moyen de la population de s'accroître d'une manière inquiétante.

Après 1945, le nombre des naissances a beaucoup augmenté, alors que les progrès de la médecine font diminuer la mortalité.

De 42 millions en 1939, la population est passée à **près de 60 millions aujourd'hui**. Une pareille réussite est le résultat d'un effort continu.

Dès 1939, un Code de la Famille a favorisé les naissances et permis d'effacer plus rapidement qu'après 1918 les conséquences désastreuses de la Seconde Guerre mondiale.

À partir de 1945, et pendant vingt ans, la France compte en moyenne un demi-million d'habitants de plus chaque année, essentiellement par croissance naturelle.

Sans doute la natalité a-t-elle commencé à baisser depuis 1965, mais ce tassement s'est produit moins tôt et de façon moins dramatique que dans les États voisins comparables, comme l'Allemagne ou l'Italie. Toutefois, le remplacement des générations n'est pas assuré.

Depuis la création de la **Sécurité Sociale**, en 1945, chaque travailleur reçoit, moyennant cotisations retenues sur son salaire, des versements sociaux : allocations de maladie, de chômage…, etc.

Des progrès comme jamais auparavant

De la fin de la Deuxième Guerre mondiale au début des années 70, les **richesses** produites ont pratiquement **doublé tous les vingt ans**. La part que tient la France dans la production mondiale la place dans le groupe de tête des grandes puissances.

Les avancées de la science française

Théoriciens et chercheurs français ont apporté une contribution précieuse aux découvertes scientifiques de notre temps. Au cours du demi siècle qui précède le déclenchement de la Seconde Guerre mondiale, la radioactivité a été mise en évidence par Berquerel, précisée par Pierre et Marie Curie. Leur fille Irène et leur gendre Frédéric Joliot-Curie reçoivent également le prix Nobel pour leurs découvertes de la radioactivité artificielle. Plusieurs de leurs collaborateurs contribueront à la recherche de la bombe atomique aux États-Unis (1945). Des mathématiciens français – dont plusieurs médailles Fields, l'équivalent du Nobel en mathématiques – figurent parmi les plus inventifs du monde. Il en va de même pour les physiciens dont deux – P.-G. de Gennes et P. Charpak ont reçu le prix Nobel de physique en 1991 et 1992. Quant aux médecins et biologistes, l'un d'eux, L. Montagnier, est l'auteur de la découverte du virus du SIDA.

SCIENCE FRANÇAISE
D'AVANT-GARDE

Georges Charpak, lisant la presse annonçant qu'il vient d'obtenir le prix Nobel de physique en 1992.

Pierre-Gilles de Gennes, prix Nobel de physique en 1991, au Collège de France.

Découverte du virus du SIDA, le L.A.V., par les services du Professeur **Luc Montagnier** (à droite) à l'institut Pasteur à Paris, en avril 1984.

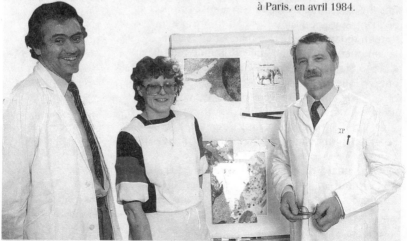

Par son commerce extérieur, elle se place au **quatrième rang mondial** derrière les États-Unis, l'Allemagne et le Japon, tous beaucoup plus peuplés. De nombreux domaines aux techniques d'avant-garde comme la chimie fine, les cosmétiques et la beauté, l'aéronautique et l'espace, les travaux publics, les transports terrestres, l'énergie nucléaire n'ont rien à envier aux meilleures réalisations d'États beaucoup plus importants par l'étendue et la population. Les profits que la France en tire s'ajoutent aux excédents traditionnels : agroalimentaire, luxe, tourisme surtout, en plein essor.

La fusée européenne Ariane sur son pas de tir à Kourou, en Guyane.

Ariane, dans ses versions successives de plus en plus performantes, assure près du tiers des lancements de satellites artificiels. Elle n'a de concurrentes qu'aux États-Unis, en Russie et en Chine populaire.

Pourquoi un tel succès ?

D'abord, l'**aide économique et financière** fournie par les États-Unis à la France comme aux autres États d'Europe au titre du **Plan Marshall** (1949-1952) a beaucoup compté pour remettre en marche les moyens de transports et de production, et lancer des investissements nouveaux.

Ensuite, le **réalisme** et la **persévérance** ont permis de maintenir le cap pour les options essentielles, tout en tenant compte des changements dans la conjoncture politique et économique mondiale. Ainsi la France a-t-elle infléchi ses choix énergétiques ; après la houille et l'hydroélectricité privilégiées sous la IVᵉ République, est venue l'heure des hydrocarbures importés (les sociétés Elf et Total ont accédé au rang des grands opérateurs mondiaux) et des **centrales nucléaires** après les chocs pétroliers de 1973 et 1979. Les trois quarts de l'électricité produite en France aujourd'hui ont cette origine et les surplus, importants, sont exportés.

En troisième lieu, l'**esprit d'initiative** qui anime désormais grandes sociétés et PME.

Il leur a fallu s'habituer à la concurrence
et aux goûts de l'extérieur, s'initier au marketing,
apprendre à utiliser au mieux le crédit, maîtriser
les langues étrangères pour aller chercher
les clients sur place. Le tout non sans douleur
ni erreurs. Mais les résultats sont là : les Français
travaillent plus d'un jour sur cinq pour exporter,
c'est moins que les Hollandais, Belges ou Danois,
mais presque aussi bien que les Allemands et deux
fois mieux que les Nippons ou États-Uniens.

Enfin, l'entrée à grande allure dans la **société de consommation**, stimulée par la hausse générale
des revenus et les facilités que multiplie le crédit.

La société française se transforme comme jamais
auparavant. Les progrès continus et très rapides
de la productivité font que les campagnes doublent
leurs récoltes tous les dix ans sur des surfaces
inchangées, mais ont perdu les trois-quarts de leurs
paysans. Pour la même raison, le tiers des ouvriers
a disparu. Les femmes sont de plus en plus
nombreuses à occuper un emploi. Les **classes moyennes*** et leurs cadres ont triplé ou quadruplé
de volume : les **services*** occupent aujourd'hui
plus des deux tiers des Français, comme dans
les pays les plus développés. Le niveau de vie
moyen a été multiplié par 4 ou 5 depuis 1950.

3 FACE À LA CRISE DEPUIS 1973

Des paralysies menaçantes

• *Ampleur et persistance du chômage*

Le chômage, à peu près disparu lors des « Trente
Glorieuses », frappe, dès 1980, 1 500 000
personnes et plus du double quinze ans plus tard.
Les « laissés pour compte » sont encore plus
nombreux : préretraités, jeunes n'ayant pas réussi
à trouver un emploi, sans logis. Au total, plus

Une boîte à idées pour l'Union Européenne

Depuis les heures inaugurales de Monnet-Schuman en 1950, la France est restée à l'avant-garde de la construction européenne, dont elle a favorisé l'élargissement. Aux six États fondateurs (France, Italie, RFA, Belgique, Pays-Bas, Luxembourg), s'ajoutent Royaume-Uni, Irlande et Danemark en 1972, Grèce en 1980, Portugal et Espagne en 1986. Depuis, d'autres États ont été admis (Autriche, Finlande...) ou sont candidats à l'être (Pologne, Hongrie...). A quinze ou vingt, la CEE, devenue UE, ne peut fonctionner comme lorsqu'elle ne comptait que six membres. Les institutions sont à revoir ou à consolider. La France a fait des propositions à ses partenaires lors de la Conférence intergouvernementale de 1996.

de 10 % de la population en âge de travailler…
Les activités les plus fragiles, parce que les plus
durement concurrencées, en subissent les
premières les effets : la sidérurgie, la construction
navale, le textile, l'automobile…

• *Hausse continue des dépenses de l'État*
C'est le troisième effet pervers. On ne peut laisser
sans secours autant de déshérités, alors que
stagnent recettes fiscales et cotisations sociales.
Pour rééquilibrer le budget, l'alourdissement des
prélèvements obligatoires réduit les capacités des
particuliers, poussés par ailleurs à épargner afin
de faire face à un éventuel licenciement. La crise
nourrit la crise…

• *Le mouvement des prix*
Il a eu des effets surprenants. L'**inflation** a duré
jusqu'au début des années 80, soutenue en
particulier par les **chocs pétroliers*** de 1973 et
1979 qui ont décuplé le prix du pétrole en huit
ans. La balance commerciale en a été déséquilibrée,
car le sous-sol français est à peu près dépourvu
d'hydrocarbures. Pour réduire ses importations,
la France a favorisé les économies d'énergie
et réalisé un ambitieux programme de centrales

Centrale nucléaire.
Péage de Roussillon.
Les constructeurs des
centrales « chauffant à
l'atome » assurent avoir
pris toutes les précautions
humainement possibles
pour prévenir une
catastrophe du style
de celle de Tchernobyl
en URSS en 1986. En
particulier, chaque réacteur
est étroitement emprisonné
dans une « enceinte de
confinement » en acier et
béton très épais (les deux
énormes cylindres coiffés
d'une coupole, sur la
photo) capable d'empêcher
toute émission de produits
radioactifs à l'extérieur.
Cette enceinte manquait
à Tchernobyl

électronucléaires. Mais le coût en a été très élevé.
Il a fallu beaucoup emprunter. Pour garder
la confiance des prêteurs, souvent étrangers,
le maintien de taux d'intérêt élevés freine de
nouveaux investissements.
Quand règne l'inflation, on est encouragé à acheter
immédiatement ce dont on a besoin ou envie pour
n'avoir pas à le payer plus cher demain. Mais quand
disparaît l'espoir de s'acquitter facilement de dettes,
l'envie d'acheter diminue.

Investir dans ces conditions en empruntant apparaît très
hasardeux ; les plus hardis ne sont pas assez nombreux
pour provoquer une diminution du chômage d'autant
que les nouvelles entreprises sont plus friandes de
productivité que de main-d'œuvre.

En quête de solutions innovantes

Tout démontre que remédier à la « fracture sociale »
comme l'a promis Jacques Chirac dans le programme
qui lui a valu d'être élu président de la République
au printemps 1995 est une tâche de longue haleine
qui exigera une rude persévérance.

À défaut de reprise économique vigoureuse, née
d'une baisse des taux d'intérêts, qui stimulerait
l'investissement et l'embauche, on reste à l'affût
de recettes miracles.

Les propositions ne manquent pas : partager des
emplois entre les chômeurs et actifs actuels, dont
l'horaire serait abaissé et aussi le salaire ? Multiplier
les emplois de proximité et de protection de
l'environnement ? Agir de concert avec tous les
États de l'UE, tentés par le « chacun pour soi » ?

Mais personne n'envisage vraiment, et c'est heureux,
un frileux retour au protectionnisme comme dans les
années 30.

Forte des succès récents, la France se souvient que le
progrès social naît bien souvent dans la douleur des
crises.

VIE INTELLECTUELLE AU XXe SIÈCLE LA GRANDE REMISE EN CAUSE ?

Fin de siècle, fin de millénaire, fin des certitudes ?

Notre époque, depuis les années 30, n'a cessé de favoriser les remises en cause.

En **littérature**, au lendemain de la Libération, nombre d'évrivains s'engagent qui, comme Malraux avant 1939, veulent donner à leurs créations un impact politique. Parmi eux, les existentialistes (**Sartre**, **Beauvoir**) ou des poètes de gauche (**Aragon**, **Éluard**). D'autres courants, comme l'avaient fait les surréalistes, proposent des voies jamais explorées : le « nouveau roman » (**Robbe-Grillet**, **Butor**, **Sarraute**), des œuvres difficilement classables car construites selon des règles quasi-mathématiques (**Queneau**, **Pérec**). Certains pourtant restent fidèles à une inspiration plus enracinée : **Saint-John Perse**, **Claudel** au début du siècle, **Modiano**, **Le Clezio** à l'heure actuelle, sans parler des écrivains étrangers de langue française comme **Simenon**, **Senghor** ou **Antonine Maillet**.

Le théâtre réinterprète les thèmes inspirés de l'Antiquité (**Giraudoux**, **Anouilh**), s'engage dans le débat politique (**Sartre**) et règne dans le domaine de l'absurde (**Jarry**, **Beckett**, **Ionesco**).

La philosophie prend une place grandissante – souvent par médias interposés – dans la vie intellectuelle.

La musique, au carrefour de l'art et de la science, devient un champ expérimental : le Centre de recherches acoustiques (I.R.C.A.M.) de Beaubourg créé par **Boulez**, est connu dans le monde entier. Mais en même temps, grâce aux progrès techniques et à une diffusion universelle, elle s'est démocratisée.

Dans le domaine des **arts plastiques**, la recherche a exploré les voies les plus extrêmes. L'art abstrait domine en peinture comme en sculpture.

Marguerite Duras.
Un talent multiple (roman, théâtre, cinéma) et inclassable.

Ci-dessus : **Jean Dubuffet,**
Don Coucoubazar, 1972.
« *Un art sage, quelle sotte idée !*
L'art n'est fait que d'ivresse
et de folie. »   *(Dubuffet)*

En haut à droite :
Pierre Boulez

À droite : **Pablo Picasso,**
Femme devant un miroir,
1932.

TECHNIQUES D'AVANT-GARDE AU XXᵉ SIÈCLE

En architecture, l'emploi de matériaux nouveaux permet aux architectes de donner libre cours à leur virtuosité. Ils proposent et réalisent des bâtiments aux formes inimaginables quelques années plus tôt.

Les travaux publics marient le brio technique aux qualités plastiques, et leurs réalisations fonctionnelles les plus réussies atteignent le niveau de véritables œuvres d'art, qu'il s'agisse de rénover de l'ancien ou de construire du nouveau.

Même les ingénieurs s'inspirent dans leurs créations du slogan de Raymond Loewy, styliste d'origine française installé aux États-Unis : « La laideur se vend mal ».

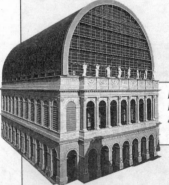

L'opéra de Lyon, architecte Jean Nouvel, 1993.

La gare de Satolas, architecte Calatrava, 1994.

Ci-dessus :
Le pont de Normandie.

L'Airbus A 340 – Le TGV

Ci-dessous :
La Cité de la musique,
architecte Christian
de Portzamparc, 1994.

Chronologie

– **1,9/ – 1,8 millions d'années :** Homo erectus.

– **450 000 :** Utilisation du feu.

– **80 000/ – 35 000 :** Homme de Néanderthal ou *Homo sapiens* en Europe (La Chapelle aux Saints).

– **35 000 :** Homme de Cro Magnon ou Homme moderne (Les Eyzies).

– **25 000/ – 14 000 :** Grand art paléolithique.

– **6 000/ – 2 000 :** Néolithique.

– **58 :** Début de la **conquête de la Gaule** par les Romains commandés par Jules César.

– **52 :** Soulèvement des Gaulois commandés par Vercingétorix. Siège d'Alésia. Capture de Vercingétorix.

1e-3e s. ap. J.-C. : Paix romaine puis christianisation de la Gaule à partir de la fin du deuxième siècle.

263 : Francs et Alamans en Gaule.

406 : Première grande invasion.

451 : Les Huns en Gaule avec, à leur tête, Attila.

476 : Fin de l'Empire romain d'Occident.

481-511 : Clovis, fils de Mérovée (448-457), roi des Francs Saliens, 1er roi de France, fondateur de la dynastie mérovingienne.

v. 538-v. 594 : Grégoire de Tours écrit en latin une Histoire des Francs.

561 : Mort de Clotaire (511-561). Le royaume franc est partagé entre ses fils.

613 : Clotaire II, puis Dagobert, réunifient le royaume franc.

687 : Pépin de Herstal, maire du palais, évince les rois mérovingiens.

732 : Charles Martel arrête les Arabes à Poitiers.

752 : Pépin le Bref (714-768) dépose le dernier roi mérovingien.

768-814 : Règne de **Charlemagne**.

800 : Charlemagne est couronné empereur à Rome par le pape.

814-840 : Règne de Louis 1er le Pieux.

842 : Serment de Strasbourg : premier texte écrit dans une langue qui est l'ancêtre du français.

843 : Traité de Verdun : partage de l'Empire franc entre les fils de Louis le Pieux.

844 : Premières invasions normandes importantes.

885 : Le Comte Eudes défend Paris contre les Normands. Il est élu roi de France.

910 : Fondation de l'abbaye de Cluny.

911 : Traité de Saint-Clair-sur-Epte : une partie du territoire est cédée à Rollon, chef des Normands, et devient la Normandie.

987 : Avènement de **Hugues Capet** (941-996). Fondation de la dynastie capétienne, à laquelle sont rattachées toutes les familles royales ayant ultérieurement régné en France.

1108 : Mariage du futur **Louis VII** (1137-1180) à Aliénor d'Aquitaine.

1152 : Origine de la guerre de Cent Ans : Henri Plantagenêt, héritier de la Normandie, de la Touraine, de l'Anjou et du Maine, épouse Aliénor d'Aquitaine, répudiée par Louis VII. Il entre en possession d'une partie de l'ouest de la France.

1180-1223 : Règne de **Philippe-Auguste**, fils de Louis VII.

1208 : Croisade contre les Albigeois.

1214 : Victoire de Bouvines (juillet).

1226-1270 : Règne de Louis IX, ou saint Louis.

1285 : Avènement de **Philippe IV le Bel,** qui règne jusqu'en 1314.

1307 : Arrestation des Templiers.

1328 : Avènement de **Philippe VI de Valois** (nouvelle dynastie).

1337 : Début de la **Guerre de Cent Ans.**

1345 : Naissance du Parlement de Paris.

1347-1350 : La **Peste noire.**

1355 : Opposition d'Etienne Marcel, prévôt des marchands de Paris, au pouvoir royal.

1360 : Traité de Calais : la France, battue à l'Écluse (1340), à Crécy (1346), à Poitiers (1347), laisse aux Anglais Calais et l'Aquitaine.

1364 : Avènement de **Charles V.**

1415 : Henri V d'Angleterre écrase les Français à Azincourt (25 oct.).

1429 : Jeanne d'Arc dégage Orléans et fait sacrer Charles VII à Reims.

1453 : Fin de la Guerre de Cent Ans. Les Anglais ne gardent que Calais.

1461 : Avènement de **Louis XI** (1423-1483).

1494 : Charles VIII (1489-1498) fait la guerre en Italie.

1499 : Louis XII (roi de 1498 à 1515) s'empare de Milan et de Gênes.
Au cours des XVe et XVIe s., édification des **châteaux de la Loire** dans le Blésois, la Touraine et l'Anjou.

1515 : François Ier (roi de 1515 à 1547) bat les Suisses à Marignan.
Triomphe de l'**humanisme** en littérature (Rabelais, 1494-1550).

1534 : Jacques Cartier explore la côte est du Canada.

1547-1559 : Règne de Henri II. Formation de **la Pléiade,** réunion de sept poètes dont les plus célèbres sont Ronsard et du Bellay.

1562 : Début des **guerres de Religion.**

1572 : Massacre de la Saint-Barthélémy.

1589 : Henri de Navarre (Henri IV) fonde la dynastie des Bourbons. Il abjure le protestantisme en 1593.

1598 : Édit de Nantes.

1610 : Assassinat d'Henri IV.
Régence de Marie de Médicis.

1624 : Louis XIII appelle au Conseil des ministres le Cardinal de Richelieu.

1635 : Fondation de l'**Académie française.**

1636-1656 : Pierre Corneille (1606-1684) donne ses pièces les plus célèbres dont *Le Cid* (1636), *Horace* (1640), *Polyeucte* (1641).

1637 : Descartes publie le *Discours de la Méthode.*

1643 : Mort de Louis XIII, régence d'Anne d'Autriche. Mazarin 1er ministre jusqu'en 1661.

1661 : Début du règne personnel de Louis XIV (1638-1715).

1659-1673 : Molière (1622-1673) écrit et fait jouer ses principales comédies : *Les Précieuses ridicules* (1659), *Dom Juan* (1665), *Le Misanthrope* (1668), *L'Avare* (1668), *Le Malade imaginaire* (1673).

1664-1691 : Triomphe du **classicisme.** Racine connaît le succès. Ses tragédies les plus célèbres sont : *Andromaque* (1667), *Bérénice* (1670), *Phèdre* (1677), *Athalie* (1691).

1701 : Guerre de Succession d'Espagne.

1713 : Fin des guerres de Louis XIV.

1715 : Mort de Louis XIV. Régence de Philippe d'Orléans, pendant la minorité de Louis XV (1710-1774).

1748 : Début du règne de **Louis XV.**

1751-1772 : Publication de l'*Encyclopédie,* dirigée par d'Alembert et Diderot.

1750-1753 : Voltaire en Prusse.

1763 : Traité de Paris : la France perd ses possessions d'Amérique du Nord, garde les Antilles et cinq comptoirs en Inde.

1766 : Voyage de Bougainville.

1766 : La Lorraine devient française.

1768 : Gênes vend la Corse à la France.

1774 : Mort de Louis XV. Début du règne de **Louis XVI** (1754-1793). Révolte des Parlements contre le pouvoir royal.

1788 : Louis XVI décide de convoquer les États Généraux le 1er mai 1789 à Versailles.

1789-1799 : Révolution française.

1789 : Déclaration des Droits de l'Homme et du Citoyen (26 août).

1789 : Prise de la Bastille (14 juillet).

1792 : Abolition de la royauté (21 septembre). An I de la République (22 septembre).

1793 : Exécutions de Louis XVI (21 janvier) et de Marie-Antoinette (16 octobre).

1793 : Grande Terreur : 30 000 exécutions en 18 mois.

1793 : 1re coalition contre la France.

1794 : Le **Directoire** (26 octobre).

1796 : Victoires de Bonaparte en Italie.

1798 : 2e coalition ; défaite navale d'Aboukir (1er août).

1799 : Coup d'État de Brumaire : la Constitution de l'an VIII organise le régime du **Consulat** (15 décembre).

1800 : Création de la Banque de France.

1802 : Chateaubriand (1768-1848) publie le *Génie du christianisme.*

1804 : Sacre de Napoléon (2 décembre). Entrée en application du Code civil.

1805 : 3e coalition. Désastre naval de Trafalgar mais victoire, sur terre, à Ulm et Austerlitz.

1810 : Napoléon épouse Marie-Louise d'Autriche.

1812 : Début de la campagne de Russie.

1813 : Début des guerres nationales en Allemagne contre Napoléon.

1814 : 1re abdication de Napoléon (4-6 avril). Restauration de la monarchie des Bourbons. **Louis XVIII** (roi jusqu'en 1824) octroie la Charte constitutionnelle.

1814-1815 : Congrès de Vienne (Acte final, 9 juin).

1815 : Les Cent-Jours : retour de Napoléon.

1815 : Défaite de Waterloo (18 juin) ; seconde abdication, puis départ de Napoléon pour Sainte-Hélène.

1815 : le 2e traité de Paris (20 novembre) ramène la France à ses frontières de 1789.

1815 : Congrès de Vienne.

1824 : **Charles X** (1757-1830) succède à Louis XVIII.

1830 : Révolution de juillet (25 juillet). Louis-Philippe devient « roi des Français » : début de la monarchie de juillet. Début de la conquête de l'Algérie.

1830-1848 : Triomphe du Romantisme en littérature : Lamartine (1790-1869), Balzac (1799-1850), Hugo (1802-1885) ; et en peinture : Delacroix (1798-1863).

1848 : Révolution et proclamation de la deuxième République (24-25 février). Abolition de l'esclavage dans les colonies.

1848 (10 décembre) : **Louis Napoléon Bonaparte** élu Président de la République.

1851 (2 décembre) : Coup d'État ; Louis

Napoléon devient « Prince Président » puis, en 1852, Napoléon III.

1852-1870 : Le Second Empire.

1857 : Faidherbe en Afrique. Fin de la conquête de l'Algérie. Début de la conquête de l'Indochine.

1860 : Début de la politique de libre-échange.

1861 : Expédition française au Mexique.

1864 : Reconnaissance du droit de grève en France. Travaux du baron Haussmann à Paris.

1869 : Rétablissement du régime parlementaire.

1870 : Guerre franco-allemande. Désastre français de Sedan (1er-2 septembre). Chute de Napoléon et proclamation de la République (4 septembre).

1871 (mars-mai) : **Commune de Paris.**

1871 : Débuts de la **IIIe République.** Présidence de Thiers. Chute de Thiers ; Mac Mahon président ; il démissionne en 1877.

1880-1885 : Période Jules Ferry. Enseignement laïque. Enseignement secondaire pour les jeunes filles. Expansion coloniale.

1881 : Libertés publiques de réunion et de presse.

1881 : La Tunisie devient protectorat.

1883 : Main-mise sur l'Annam et le Tonkin.

1893 : Les socialistes entrent au Parlement.

1895 : Naissance du syndicat C.G.T. (Confédération Générale du Travail).

1895 : Annexion de Madagascar.

1898 : Affaire Dreyfus. Rivalités coloniales (Fachoda).

1904 : Jaurès lance l'*Humanité*.

1913 : Poincaré élu Président de la République.

1914-1918 : Première Guerre mondiale qui se termine par la défaite de l'Allemagne et des Empire centraux.

1919 : Conférence de la paix. Traité de Versailles (28 juin).

1934 (6 février) : Échec des mouvements d'extrême droite à Paris.

1936 : Victoire du **Front populaire.** Gouvernement de Léon Blum, qui démissionnera en juin 1937.

1938 (septembre) : Conférence de Munich.

1939-1945 : Deuxième Guerre mondiale.

1944-1958 : IVe République.

1946-1962 : Guerres de décolonisation. Indochine (1946-54) ; Algérie (1954-62).

1947-1949 : Adhésion française au Pacte atlantique, puis à l'Organisation du Traité de l'Atlantique Nord (O.T.A.N.).

1949 (5 mai) : Adoption du statut de Conseil de l'Europe, qui siège à Strasbourg.

1957 : Création de la C.E.E., qui instaure le Marché commun.

1958 : Début de la Ve République. 21 décembre : de Gaulle élu Président de la République.

1968 : « Révolution de mai ».

1969 : de Gaulle quitte le pouvoir. **Georges Pompidou** élu Président de la République (15 juin).

1974 : Mort du Président Pompidou. **Valéry Giscard d'Estaing** élu Président.

1981 : Élection de **François Mitterrand** à la Présidence de la République.

1981 : Abolition de la peine de mort.

1986 : Première application de la loi Defferre sur la décentralisation.

1988 : Seconde élection de F. Mitterrand à la Présidence de la République.

1995 : Élection de **Jacques Chirac** à la Présidence de la République.

INDEX

Administration : administrer, c'est gérer, diriger les affaires intérieures d'un État.

Annexer : rattacher un territoire à un État.

Apogée : point le plus élevé, sommet.

Aqueduc : canalisation pour conduire l'eau.

Arianisme : hérésie chrétienne fondée par le prêtre Arius (v. 256-336)

Armistice : accord entre belligérants pour arrêter les hostilités sans mettre fin à l'état de guerre.

Art gothique ou ogival : art postérieur à l'art roman (XIIᵉ–XVᵉ s.) L'architecture emploie la « croisée d'ogives », la technique s'est perfectionnée. Son nom de « gothique », utilisé sous la Renaissance, signifie *barbare*.

Art roman : art qui s'est épanoui en Europe, du XIᵉ au XIIᵉ siècle. Il s'applique surtout à l'architecture religieuse. Son nom vient de « romain ».

Artillerie : canons ; par extension, partie de l'armée qui utilisait ces armes.

Biens nationaux : biens qui, à la Révolution, avaient été pris à leurs propriétaires et déclarés propriété de la nation.

Bourgeois : citoyen d'une ville ; par extension, personne qui appartient à la classe moyenne ou dirigeante, la bourgeoisie.

Capitalisme : régime économique dans lequel les moyens de production appartiennent à ceux qui ont investi des capitaux.

Choc pétrolier : hausse brutale du prix du pétrole qui perturbe fortement toute l'économie.

Citoyen : habitant d'un pays admis à participer à la vie politique de ce pays.

Classe moyenne : groupe social intermédiaire entre le prolétariat et les très riches.

Clerc : homme d'église instruit et cultivé.

Coalition : alliance.

Colonie : territoire conquis et rattaché à la métropole.

Commune : association de bourgeois d'une même localité qui avaient le droit de s'administrer eux-mêmes.

Commune de Paris (la) : mouvement insurrectionnel (18 mars-27 mai 1871) né après le siège de Paris et brisé par le gouvernement de Thiers, alors fixé à Versailles.

Constitution (politique) : loi qui fixe l'organisation politique d'un État, le fonctionnement des différents organes du gouvernement et de l'administration et les droits du citoyen.

Conversion : action d'amener à croire ou de changer de croyance.

Coup d'État : action illégale destinée à prendre le pouvoir politique par la force.

Cour : résidence (et entourage) du roi.

Couvent : maison de religieux ou de religieuses.

Croisade : expédition chrétienne contre les non-chrétiens, en particulier en Terre sainte, pour reconquérir Jérusalem.

Déluge : d'après la Bible, débordement universel des eaux, à la suite de pluies prolongées.

Démographie : science qui étudie l'évolution des populations humaines, notamment leur nombre.

Diplomatie : science des rapports internationaux.

Droit au travail : droit que chaque citoyen a de gagner sa vie par son travail, d'où obligation pour l'État d'y pourvoir en cas de chômage.

Dynastie : série de souverains appartenant à la même famille.

Émigrant : celui qui quitte son pays pour aller s'établir dans un autre.

Empereur : chef d'un empire (État).

Expansion : développement.

Féodalité : lois, coutumes politiques et sociales dans une partie de l'Europe au Moyen Âge.

Fortification : ensemble d'ouvrages destinés à défendre des villes, des frontières, etc.

Fossile : reste, trace ou empreinte de plante ou d'animal anciens, conservés dans une roche.

Franchises : privilèges, pour une ville.

Fresque : peinture exécutée sur un mur qui a été recouvert d'un enduit spécial.

Frontière : limite séparant deux États.

Grotte (ou *caverne*) : vaste espace creux dans la pierre.

Guerre civile : guerre entre citoyens d'un même pays.

Guerre froide : affrontement entre deux blocs dirigés l'un par l'U.R.S.S., l'autre par les États-Unis et impliquant toutes les formes d'opposition sauf le conflit armé direct entre chacune des deux puissances principales.

Hérétique : personne qui s'oppose aux croyances officielles d'une église. Il soutient une *hérésie*.

Humanistes : écrivains, savants, qui avaient remis à l'honneur, à partir du XIVᵉ s. en Italie, plus tard ailleurs, l'étude des langues et des littératures anciennes (grecque et romaine surtout).

Impôt : contribution financière exigée par l'État.

Inflation : déséquilibre économique né d'un excès de monnaie en circulation qui provoque une hausse générale des prix.

Libéralisme économique : doctrine qui refuse tout dirigisme par l'État et défend la libre entreprise.

Libre-échange : commerce entre nations sans interdits ni droits de douane.

Manuscrit : texte écrit à la main.

Martyr : qui a préféré mourir que renoncer à sa foi.

Mégalithe : construction préhistorique en grosses pierres.

Mercantilisme : doctrine économique (XVIᵉ-XVIIᵉ siècles)

affirmant que la puissance d'un État se mesure à la quantité de métaux précieux qu'il accumule grâce à des excédents commerciaux.

Mésentente : mauvaise entente, dispute.

Missi dominici : expression latine signifiant « envoyés du maître ».

Moine : religieux appartenant à un *ordre monastique* vivant dans un *monastère* ou une abbaye selon des règles fondées sur le renoncement au monde et sur la prière.

Monarchie absolue : système politique dans lequel le roi a tous les pouvoirs.

Monarchie constitutionnelle : système politique dans lequel les pouvoirs du roi sont limités par une constitution.

Municipalité : ville qui a pour l'administrer un conseil et un maire élus.

Nationalisation : passage d'une entreprise sous le contrôle de l'État.

Naturalisation : octroi de la nationalité d'un pays à un étranger.

Noble : homme qui, par sa naissance, se distingue du commun des hommes, les roturiers.

Ordre religieux : société religieuse dont les membres font vœu de vivre sous certaines règles.

Planification indicative : l'État indique ce qui doit être réalisé dans un temps donné.

Plebiscite : vote direct du peuple, par lequel il est appelé à faire un choix ou à donner son avis.

Profits : gains dont l'origine se trouve dans l'excédent du prix de vente sur le prix de revient.

Propagande : activité qui consiste à répandre des idées, des opinions, à rallier des partisans d'une cause.

Protectorat : territoire étranger placé sous la protection et la direction d'un autre État, qui contrôle notamment ses relations extérieures et sa sécurité.

Radical : favorable à l'idée que toute réforme doit aller jusqu'à la racine.

Référendum : consultation directe des citoyens.

Réforme : au XVIᵉ siècle, mouvement religieux d'opposition au pape qui a donné naissance aux églises protestantes.

Régence : gouvernement provisoire, pendant l'absence ou la minorité d'un souverain.

Régime parlementaire : système dans lequel l'exécutif (gouvernement) est politiquement responsable devant le législatif (Assemblée élue). Mis en minorité, un gouvernement doit démissionner.

Relique : reste du corps d'un saint ou objet lui ayant appartenu.

Restauration : rétablissement de la dynastie des Bourbons (XIXᵉ siècle).

Revendications : réclamations.

Romans bretons et arthuriens : romans de chevalerie d'inspiration celte.

Satire : petit pièce en vers qui attaque et se moque des habitudes de son temps.

Services : activités qui ne sont ni agricoles ni industrielles mais qui permettent à la vie sociale et économique de fonctionner correctement. Le commerce est un service marchand, la fonction publique un service non-marchand.

Société des Nations (S.D.N.) : assemblée de diplomates délégués de tous les États, et à qui est confié le soin de préserver la paix.

Souveraineté nationale : l'autorité suprême et le droit de faire la loi sont entre les mains de l'ensemble de la population.

Suffrage censitaire : n'ont le droit de voter que ceux qui ont payé un minimum d'impôt direct : le cens.

Suffrage indirect : les citoyens élisent des électeurs et non des députés.

Suffrage universel : tous les citoyens ont le droit de voter.

Templiers : ordre militaire et religieux fondé en 1119 pour la défense des pélerins. En 1307, Philippe le Bel qui voulait s'emparer de leurs richesses, fit arrêter tous ceux qui se trouvaient en France.

Terreur (sept. 1793-juil. 1794) : régime dictatorial sanglant instauré par les révolutionnaires.

Terreur blanche : nom donné aux réactions sanglantes des royalistes et des fanatiques religieux contre les révolutionnaires.

Traité : accord écrit entre deux gouvernements.

Triomphe : à Rome, grande fête en l'honneur des généraux vainqueurs.

Trouvères et troubadours : on appelle trouvères au nord de la France, troubadours au sud, des poètes musiciens ambulants qui au Moyen Âge, se rendaient de château en château pour y chanter les chansons de geste. Les trouvères parlaient la langue d'oïl, les troubadours, la langue d'oc.

Tyrannie : pouvoir souverain dû à la faveur populaire, qui veut devenir dictatorial.

Toutes les photographies de ce livre proviennent de la photothèque Hachette :

7 b, 13 d, 15 h : Musée national des Antiquités de Saint-Germain-en-Laye ; **10, 41 b** : R. Bonnefoy ; **17** : Alain Perceval ; **20 h, 21, 24, 26, 34, 37, 38, 45, 46, 63, 67, 68, 73, 86, 88, 107** : B.N. ; **23, 47, 87 b** : Musée du Louvre ; **39 h** : Musée des Beaux-Arts ; **41 h** : J. Guillot ; **44** : Musée Condé ; **59 bd** : Bibl. de la Comédie française ; **59 h** : Acad. des Sciences de Bordeaux ; **75, 76** : Musée Carnavalet ; **87 h** : Bibl. de l'Opéra ; **95** : Mairie de Château-Thierry.

sauf celles des pages suivantes :

9 : B. Degroise / Diaf ; **11 d** : Jean Clottes / Ministère de la Culture et de la Francophonie ; **13** : R. Bonnefoy / Réalités ; **15 b** : Jean-Paul Garcin / Diaf ; **20 b** : collection Viollet / Roger-Viollet ; **27** : collection Viollet / Roger-Viollet ; **32 h** : collection Viollet / Roger-Viollet ; **32 b** : Roger-Viollet ; **42 b** : collection Viollet / Roger-Viollet ; **53 hd** : Bernard Régent / Diaf ; **53 b** : collection Viollet / Roger-Viollet ; **54** : collection Viollet / Roger-Viollet ; **59 bg** : collection Viollet / Roger-Viollet ; **70** : collection Viollet / Roger-Viollet ; **79** : Jean Dubout / Documentation Tallandier ; **85** : Roger-Viollet ; **92** : © ADAGP ; **98** : collection Viollet / Roger-Viollet ; **100** : Harlingue-Viollet / Roger-Viollet ; **101** : collection Viollet / Roger-Viollet ; **102** : collection Viollet / Roger-Viollet ; **103** : Roger-Viollet ; **104 g** : collection Viollet / Roger-Viollet © by Spadem 1996 ; **104 d, 105** : collection Viollet / Roger-Viollet ; **111** : Roger-Viollet ; **113 hg** : Patrick Robert / Sygma ; **113 hd** : Armel Brucelle / Sygma ; **113 b** : Michel Philippot / Sygma ; **114** : Patrick Aventurier / Gamma ; **116** : Jean-Jacques Raynal / Explorer ; **118** : Lipnitzki-Viollet / Roger-Viollet ; **119 hg** : Lauros-Giraudon, © ADAGP 1996 ; **119 hd** : Frédéric Reglain / Gamma ; **119 b** : Roger-Viollet © Succession Picasso ; **120 hg** : Stéphane Couturier / Archipress ; **120 hd** : Berenguier / Jerrican Air ; **120 b** : Luc Boegly / Archipress ; **121 hg** : Patrice Tourenne / Pix ; **121 hd** : Michel Dusart / Pix ; **121 b** : Stéphane Couturier / Archipress © by Spadem 1996.

Achevé d'imprimer en Italie par Rotolito Lombarda

Dépôt légal - 6010-06/96

Collection n° 06 Edition n° 01

15/5076/3